幼儿教育与手工实践

陈 萍 罗 莉 汝利娜◎著

吉林出版集团股份有限公司 | 全国百佳图书出版单位

图书在版编目（CIP）数据

幼儿教育与手工实践 / 陈萍，罗莉，汝利娜著. --
长春：吉林出版集团股份有限公司, 2023.4
　ISBN 978-7-5731-3304-5

　Ⅰ.①幼… Ⅱ.①陈… ②罗… ③汝… Ⅲ.①手工课
－教学研究－学前教育 Ⅳ.①G613.6

中国国家版本馆CIP数据核字（2023）第086448号

幼儿教育与手工实践

YOUER JIAOYU YU SHOUGONG SHIJIAN

著　　者　陈　萍　罗　莉　汝利娜
出 版 人　吴　强
责任编辑　马　刚
装帧设计　清　风
开　　本　710mm×1000mm　1/16
印　　张　8.75
字　　数　90千字
版　　次　2023年4月第1版
印　　次　2023年8月第1次印刷

出　　版　吉林出版集团股份有限公司
发　　行　吉林音像出版社有限责任公司
　　　　　（吉林省长春市南关区福祉大路5788号）

电　　话　0431-81629679
印　　刷　三河市嵩川印刷有限公司

ISBN 978-7-5731-3304-5 定　　价　48.00元

前　言

《幼儿园教育指导纲要》指出：要"指导幼儿利用身边的物品或废旧材料制作玩具、手工艺品等来美化自己的生活或开展其他活动。为幼儿创设展示自己作品的条件，引导幼儿相互交流，相互欣赏，共同提高"。幼儿的手工艺术活动是一门必修课，是培养幼儿的手工兴趣、启发幼儿创造性思维的一种必要手段。例如，平平常常的一张纸拿在手上枯燥无味，特别是幼儿一不注意就撕碎扔掉了，但就是这张很不起眼的纸，经过教师的折、剪、贴、撕，就成了一件件形态各异、别有趣味的作品，此时此刻在幼儿的心理产生巨大的好奇感，有益于激发他们的手工兴趣。但要教会他们手工艺术却并不那么容易，有时讲得口干舌燥还是有一部分幼儿看不懂，学不会，不能随堂完成作业。为了使他们不失去信心，我们需要采取一定的方法，吸引幼儿的注意力，拓宽幼儿的知识面，使他们学会观察和动手能力。幼儿教育实践与教学理论应用密不可分。艺术是情感启迪、情感交流、情感表达的良好手段，是对幼儿进行情感教育的最佳工具。幼儿园手工制作属于艺术领域的一部分，是幼儿非常喜欢的一项活动，它有许多形式，如纸艺手工、布艺手工、泥艺手工、自然材料手工、废旧材料手工等。它的表现形式也是千姿百态，可以是平面的，也可以是立体的。加上手工制作活动材料丰富多彩，为教师引导幼儿发挥想象力与创造力，直接用手操作简单工具，对各种形态的具有可塑性的物质材料进行加工、改造，制作出占有一定空间的、可视的、可触摸的多种艺术形象的教育活动创造了有利的条件。手工活动对培养幼儿认真观察、有意注意以及耐心细致的习惯，以及培养幼儿的想象力和形成立体空间观念都有非常重要的作用。

本书针对幼儿园注重幼儿动手能力培养这一教育目的，通过多种形式的手工活动，详细介绍了幼儿纸艺手工、布艺手工、泥艺手工、自然材料手工、废旧材料手工等的制作方法与步骤，使幼儿在"玩中学""学中玩"的动手操作活动中，提高动手操作的能力，加强幼儿脑功能锻炼，发展幼儿思维能力、想象力、探索力和创造力，使幼儿的智力得到更好的开发，促进幼儿身心全面和谐地发展。

目　录

第一章　幼儿教育与幼儿手工实践

第一节　幼儿手工对幼儿发展的意义

随着学前教育对幼儿手工课程的重视程度不断增加，手工制作对幼儿的教育意义也越来越明显。其主要体现在以下几个方面：

一、幼儿手工制作可以丰富孩子的童年生活

现在很多幼儿都处于强大的压力之下，每天的生活被安排得满满的，他们原本的快乐时光变少了，这样很不利于幼儿的健康成长。而手工制作，不仅可以让幼儿学习到东西，还可以丰富他们的生活，让他们的童年充满欢乐。

二、幼儿手工制作可以培养孩子的自信心

幼儿独立完成一件手工制作品是需要手脑齐用的，在这个过程中孩子也会遇到很多的问题，如果能坚持做完，也是一种毅力的表现，无论宝宝的手工制作完成品是什么样的，都应该给予表扬和肯定，让孩子建立自信心。

三、幼儿手工制作可以培养孩子的观察力

幼儿在制作手工作品时，通常会选择一些日常的简单的事物。这就要看幼儿平时对于日常生活中的各种事物的观察度了。如果孩子观察仔细，那么做出来的东西就会惟妙惟肖，也更注重细节上的变化。久而久之，幼儿自然可以养成注意留心身边事物的良好生活习惯。

四、幼儿手工制作可以培养孩子的创造力

在幼儿进行手工制作前，很多时候都是由教师先提供一些事物的图片或者造型，引导幼儿发散思维去思考，再调动幼儿的制作热情，让幼儿尽情地发挥自己的想象力，创造自己头脑中的事物。这样，手工制作不仅仅锻炼了孩子的动手能力，还对孩子的创造能力有了很好的培养。

五、幼儿手工制作可以培养孩子的动手能力

手工制作不仅仅靠幼儿头脑中的创造能力，还要让幼儿把这个创造能力付诸实践，搬到真实的生活中，用自己的手来完成这个创造，这是培养幼儿独立完成一件事物最好的办法。从最初的设计、创造到后期的规划、制作，都要靠幼儿亲自动手一点一点来完成，对于幼儿的动手能力是良好的培养方式。

第二节　幼儿手工在幼儿教学中的作用

幼儿园手工活动是指在教师的指导下，幼儿利用手工材料，借助辅助工具，发挥一定的想象力和创造力，并通过动手操作，制作出占有一定空间的，可视、可触摸的成型作品的一种活动。手工制作是幼儿非常喜欢的一项活动，是培养幼儿动手、动脑，启发幼儿创造性思维的重要手段。在幼儿素质教育中，手工活动作为审美教育的内容之一，起着相当重要的作用。

一、幼儿手工制作在儿童美术教学中的运用和作用

根据儿童爱动手的特点，在美术教学中加入手工制作的形式，开展多种形式的美术教学活动，会起到意想不到的效果。通过多渠道、全方位的美术学习，不仅丰富了美术课堂活动，拓展了美术课堂的内涵，而且让幼儿享受到艺术的熏陶，使他们拥有一颗美的心灵，更加热爱大自然、热爱生活。

（一）手工制作能将教授绘画技法和启发想象完美地结合在一起

在美术教学中，向学生教授一定的美术知识和技能，发展和传播美术文化是必需的，但更应该以美术为媒介，通过美术教学，培养学生的道德情操、审美能力和创造力。在美术教学中，有不少教师一味地启发想象，过于偏重联想；而有的教师只顾着绘画技法的传授，却忽略了想象在儿童

美术中应有的位置和作用。长此以往，将使儿童感觉绘画枯燥无味，构图形式教条化、死板，失去童真。另外，儿童虽然能够联想、想象，但想画的内容却画不出来，即绘画中常出现眼高手低现象。在美术教学中适当地运用手工制作，将娴熟的绘画技法与幼儿的奇思妙想完美地结合起来，通过一段时期的教学实践，幼儿可以创作出一幅幅五彩缤纷、充满童趣的绘画作品。

（二）手工制作能开发多种教学方法

在儿童美术教学过程中，教师可以采用游戏、故事、表演、室外写生、图画欣赏等多种方式锻炼学生的想象能力，并按照儿童的心理特点，不断地提高学生"涂鸦"的技法水平。同时，教师还可经常尝试使用各种绘画材料，研究出不同材料的特点并善于运用这种特点，创作出新鲜奇特的画面效果。比如通过手工制作将各种有趣的东西（棉花、粮食、树叶等）运用在绘画中，常可使幼儿感到妙趣横生。当幼儿看到通过自己灵巧的小手能够创作出那样精彩的画面时，便会渐渐地喜欢画画、乐于画画。

（三）手工制作丰富了绘画的范围

美术来源于生活，发展于生活，提炼于生活，美术实实在在地存在于生活之中。在儿童美术教学中，不应局限于教材，而应以教材为最基本的课堂素材，利用手工制作使得美术课堂融趣味化、游戏化、生活化、知识化于一体。美术教师应当创造性地使用教材，把室内的美术教学活动开展得丰富多彩，同时将美术教学空间拓展至室外：小河边、大树下、大街小巷。应引导学生去观察大自然中的花鸟虫草，日月星云；热闹的大街、幽静的公园，使学生在生活中发现美，找到美，学会将学到的美术知识运用在生活的方方面面，将美术和生活紧密地联系在一起，让孩子们更加热爱多姿多彩的生活。

总之，要将手工制作合理地运用到美术教学活动中，用于辅助绘画教学；在美术教学中开展丰富多彩的剪纸、编织、撕纸、线贴以及手工制作等有特色的课程。

二、幼儿手工教学在幼儿综合教学中的应用研究

所谓幼儿手工教学，就是指幼儿老师为幼儿提供各种工具、材料，让幼儿对材料进行创造性的加工改造，进而形成新事物的美术活动。手工活动教学可以为幼儿提供良好的教学环境，让幼儿体验动手学习的快乐，在快乐中获取知识，在开心中取得收获。另外，手工活动教学可以培养幼儿的创造性思维，激发幼儿用创造性的想法表达自己的感受，用自己独特的认识来了解客观事物。可见，手工活动教学在提高幼儿创造性和空间知觉方面有着得天独厚的教学优势。

（一）手工活动教学在幼儿教学中的应用意义

操作是幼儿主动学习的重要方法，当形形色色的操作材料呈现在幼儿的面前时，幼儿能主动与材料发生交互作用，在触、摸、摆弄的过程中有所发现、有所探索，并能在发现、探索中有所收获。兴趣是创作的源泉，手工活动中幼儿的参与兴趣是很重要的。因此，通过各种方式来激发幼儿参与手工活动的兴趣，是开展手工制作活动的基础和前提。人类的大脑是一个巨大的资源宝库，21世纪最紧迫的任务就是开发人类的大脑，而开发

人类的大脑要从幼儿做起，手工活动教学就是开发幼儿智商的良好教学工具。之所以这样说，是因为幼儿所处的时期正是其精细动作技能开始发展的阶段，通过手工活动教学可以很好地发展幼儿的想象力和洞察力。

手工制作作为我国优秀的传统文化，体现在各个民族的生活、生产和民族风俗中，各民族的手工艺品都是独特的，是其璀璨文化的象征。这些手工艺品不仅具有很好的实用性，而且具有艺术性和观赏性，可给人们带来视觉上的冲击。同时，我国的手工艺品种类丰富，制作手法也是多种多样，耐人寻味。例如，艺术气息浓厚的剪纸、脸谱、皮影，老少皆宜的风筝、扇子，还有泥塑和编织。如此丰富的手工制作可以为幼儿提供巨大的创作环境，为幼儿提供丰富的创作资源，让幼儿可以很好地形成动手能力和自理能力。另外，手工制作蕴含的文化气息，是与幼儿的心理发展相通的，可以促进幼儿的身心发展。手工制作是前人的智慧，是民族的风情，因此对幼儿进行手工活动教学可以很好地传承我们的民族文化，是对优秀文化的继承和发展。为此，把手工活动教学作为幼儿教学的一部分是十分有必要的，是符合幼儿教学实际的。幼儿的手工活动教学，既可以满足幼儿好动的天性，又可以激发幼儿的求知欲。因此，手工活动教学在幼儿教学中具有重要的应用意义。

（二）幼儿手工活动在幼儿教学中的应用

首先，增加幼儿动手的机会。随着人们生活水平的提高，幼儿动手的机会逐渐减少甚至消失，这与幼儿的父母有很大的关系，现在父母溺爱孩子，对孩子过度保护，很多事情都由家长包办代替，孩子自己动手的机会少，连剪刀都不允许碰。而以前的幼儿却有很多动手的机会，如玩泥巴、玩沙子、玩水等。幼儿教师要尽最大努力，为幼儿提供各种动手机会，为了增强幼儿的动手能力，可以定期组织动手活动。例如，周一进行剪纸一小时活动，周三进行玩沙子一小时活动，周五进行捏橡皮泥大赛，周末可以组织幼儿参加水上乐园玩水活动，通过一系列活动来增强幼儿的动手意识和动手能力。同时，幼儿教师要不断地为幼儿提供动手的机会，只有这样才能对幼儿的智力起到应有的促进作用。

其次，开展多样化的课外活动，营造轻松的学习氛围，激发幼儿的学习积极性。作为幼儿教师，要尽自己最大的努力，为幼儿举办各种各样的课外活动，让幼儿在活动中得到历练，得到成长。例如，可以带领幼儿参加一些公益性的皮影戏、脸谱展览、风筝展览等，让幼儿将自己所学的知识应用到课外活动中，还可以邀请手工艺人现场制作工艺品，开阔幼儿的视野，激发幼儿的好奇心，让他们进一步研究自己的手工制品，另外，还可以在教室的角落放置艺术品，在墙面粘贴艺术品，让幼儿时刻处在手工艺术品的海洋里，进而为幼儿创造一个自由的学习氛围。

最后，可以运用剪纸教学培养幼儿的创造力。幼儿教师可以将剪纸教学作为重要的教学内容进行开展，通过实践证明，剪纸教学可以充分地发挥幼儿的创造力，培养幼儿的动手能力，作为幼儿教师在进行剪纸教学时要注意教学方法和手段，一定要注意幼儿的安全，教师在刚开始进行剪纸教学时，为了让幼儿准确地掌握剪刀的使用方法，可以先让幼儿剪直线，然后剪一些常规的图形，如正方形、三角形、长方形等。通过这些基本的练习之后就可以慢慢地给幼儿增加剪纸的难度，让幼儿剪一些复杂而且具有一定美感的图案。与此同时，课堂的剪纸时间毕竟有限，幼儿教师可以给幼儿布置适当的剪纸作业，巩固幼儿的剪纸能力。

兴趣是成功的基础，是进步的前提，在幼儿园手工活动中，培养和提高幼儿参加手工活动的兴趣是十分重要的。教师应该重视并培养幼儿的兴趣，使幼儿真正感受到手工活动是很快乐的游戏，在手工活动中，只有充分激发和保持幼儿的学习兴趣，才能更好地促进幼儿技能技巧的掌握，以及形成良好的学习习惯，并且对于幼儿想象力、创造力、动手操作能力以及语言表达能力等的提高都有很大的帮助，使幼儿充分感受到手工活动的乐趣。总之，在幼儿教学中应用手工活动教学具有极强的实际意义，幼儿手工活动教学可以锻炼幼儿手的灵活性，激发幼儿的想象力，增强幼儿的色彩感，为此，幼儿教师要有意识和有目的地进行手工教学，让幼儿在手工制作的过程中充分展现自己，促进幼儿智力的发展。

第二章 幼儿教育与纸艺手工

　　造纸术是我国古代四大发明之一，发展至今日，根据不同的用途，纸可以分为印刷用纸、文化办公用纸、包装用纸、工业用纸、生活用纸等。根据纸的质地和柔韧度，又可分为卡纸、皱纹纸、牛皮纸、白板纸、宣纸、瓦楞纸、吹塑纸、铜版纸、砂纸、铝箔纸、玻璃纸等不同类别。这些纸材通过撕、剪、贴、染、折、编等方式加工制作，在观感上可表现出不同的艺术效果，为我们创造了一个缤纷绚丽的纸艺世界。

　　纸艺是一种最经济、简易可行的手工劳动。玩纸，也是孩子的一种天性。通过纸艺，可以培养幼儿的动手能力，而且"十指连心"，通过动手，不仅使幼儿大脑得到了开发和锻炼，还促进了其对其他知识的学习。纸艺还可以锻炼儿童的耐心。与此同时，通过纸艺活动还可以使幼儿发展手的动作，培养目测能力，是一项有利于幼儿身心发展的活动。科学研究表明，手的活动对脑细胞成长有着重要的促进作用。

第一节 纸艺手工概述

　　纸艺是以纸质材料为主要表现形式的艺术创作，它的最大特点是能够充分展现纸的特有材质美，传统的绘画艺术只将纸作为笔下色彩的陪衬，而纸艺是以纸为主要媒介进行的艺术创作。幼儿园中的纸艺活动，即启发、引导幼儿运用各种纸质材料，通过幼儿自己独特的艺术语言（如点、线、面等）塑造具体可视的形象，以反映客观事物，表达幼儿的思想感情和美化幼儿生活的一种造型艺术。幼儿在纸艺活动中，可以利用现成的纸张剪贴、折叠、彩绘、拼贴等，制作出多种多样的纸艺作品。

一、纸艺手工的用途与意义

手工活动能促进儿童的身心均衡发展。3~6岁的儿童正处于身心快速发展的阶段，在具备了简单的观察能力和活动能力之后，他们时时刻刻都在接受来自外部的信息。这些鲜活的信息通过儿童的视觉、触觉、味觉等对大脑形成十分有益的刺激，激发他们的脑部活动。儿童的手部运动也与大脑息息相关，折纸、剪纸、涂色、绘画等活动能大大促进大脑的活动。从这个意义上说，手工全能可以使儿童达到"智力全能"。

（一）纸艺手工的教育作用

对于教育的探索不仅仅在教育方式方面，同时教育理念本身的研究也是在不断推进中的。经过长时间的摸索人们发现，过去的人们忽视了一个非常好的教育手段，那就是纸艺。纸艺因为其既可以动手，又可以动脑，同时本身又绿色环保，当肌肤触碰到纸张的那一瞬间，就可以感受到来自自然的气息，因此更容易被幼儿所接受，将这种手工活动引入对幼儿的教育活动中会起到非常明显的效果。

对于3~6岁的幼儿来说，尤其是一些年龄较小的幼儿，正是心智发育的关键时期，这个时候他们需要接受的是健康、绿色、更具有启发性的教育，如果单纯地通过书本的方式来进行学习，可能会使幼儿的思维变得单一而不具有扩展能力，这种偏向式的发展对于幼儿的成长是不利的。这个时候如果能够将纸艺引入对他们的教育工作中来，让这些幼儿通过释放自己的对未知的探索激情来进行创作，不但可以不断地获得成就感，还有利于开发其智力，增强其动手能力。

（二）纸艺手工对幼儿发展的重要意义

我国著名儿童教育家陈鹤琴先生说过："小孩子应有剪纸的机会。"他认为剪纸有两方面的好处："一是可以养成独自消遣的好习惯，二是可以练习手筋。"也就是说，折纸、剪纸可以使幼儿安静下来，专心致志地干一件事；还可以使他们练出一双灵巧的手，进而有利于大脑的开发。苏联著名教育家苏霍姆林斯基也曾说过："儿童的智慧在他的手指尖上。"可见，将纸艺纳入幼儿教育对促进幼儿的身心发展具有重要意义。

1. 纸艺活动与幼儿感知觉的发展

一张普通的纸经过幼儿的小手撕、剪等处理，会变成小鸟、小树等熟悉的物象。幼儿不断发挥想象进行创作，并体验成功的快乐，就会无意识地逐渐把玩纸转化为有目的地创作。如果想要表现某一事物，幼儿就要先了解这一事物的特征，学会仔细观察生活中的事物，从而锻炼和发展他们的感知觉能力。

2. 纸艺活动与幼儿动作的发展

纸艺是一种手工艺术，从事这项活动有助于幼儿手部动作的发展。幼儿到了三岁，小肌肉发展还不是很完善，通过学习撕碎纸片、撕细纸条、使用剪刀等多种训练，不仅能够使幼儿手部小肌肉的灵活性得到锻炼，还可以训练幼儿手、眼、脑协调并用的能力。

3. 纸艺活动与幼儿创造力和想象力的发展

纸艺是一项创造，"手是思想的镜子，是智力才能发展的刺激物，是意识的伟大培养者，是智慧的创造者"。纸艺活动使幼儿的思维活跃，通过撕、剪、贴等各种方法，时时激发其创新精神，创造属于自己的作品。幼儿在纸艺活动中的感受、理解、创作都表现着他们独特的想象力、表现力和进取精神。

4. 纸艺活动与儿童人格的发展问题

纸艺活动的过程是幼儿发现问题、分析问题、解决问题的过程，幼儿学习的主动性、积极性和解决问题的能力在活动中得到提高，其人格逐步健全与发展。引导幼儿进行纸艺活动还可以培养他们细心、专心、耐心的良好品质和行为习惯；同时，纸艺活动的步骤性、合作性使他们明白做事必须按步骤进行，并且重视集体合作的力量。

二、纸艺手工的种类与表现

撕、剪、贴、染、折、雕、塑、植、插是常见的纸艺表现形式，比较适于幼儿园的纸艺活动主要有以下几种：

（一）撕纸

撕纸主要是用手撕出简单形状或物象轮廓的纸艺创作，是最原始的纸艺表现手法。手撕没有剪刀灵活、精细，纤巧工细之处会受到一些限制，但这种局限性又恰恰是撕纸的长处。撕纸艺术在于给幼儿留有自由的空间，引发幼儿丰富的想象力。撕纸取材简易，操作方便，技能简单，表现自由，没有线、形的规范与技能的约束，具备趣味性、安全性、简捷性等特点，是适宜幼儿发展水平的重要纸艺表现手法。

（二）剪纸

剪纸，即以纸为加工对象，用剪刀将纸剪出简单形状或物象轮廓的纸艺创作活动。我国南北各地的风俗民情、生活习惯不同，其剪纸表现风格也有明显的差异。北方的剪纸作品造型浑圆朴拙，画面构图结实紧凑，线条刻剪刚劲简洁；南方的剪纸作品造型轻盈、优美、生动，设计繁复、华丽、精美，线条更是纤细、严密而流畅。因此，幼儿园剪纸的风格、题材十分广泛、多样。

剪纸活动对促进幼儿发展具有重要意义，它不仅可以提高幼儿的操作能力以及动作的协调性，还可以在幼儿统筹设计整个作品的过程中，使幼儿的注意力和观察能力得到发展。此外，在剪纸活动中，幼儿一般不用笔勾线，而是直接依照目测的标准剪出物体的轮廓，全凭自己的想象发挥，极大地发展了幼儿的造型能力和创造能力。

（三）染纸

染纸是一种折纸和染色相结合的手工制作活动。幼儿园染纸活动主要分为蘸染和滴染。蘸染，即用吸水性较强的纸材，剪裁成多种形状，反复折叠后分别在装有稀释后的水彩的色碟内蘸染，出现渗透、晕染的花纹。由于折叠方法不同，所产生的形状和色彩千变万化。滴染，是将各种颜色的水彩调在调色盘里，幼儿手拿一支毛笔，饱浸颜料后滴在宣纸上，宣纸有很强的浸透作用，每一滴不同的颜料会在宣纸上开出不同颜色的

"花"。染纸是一种创造性的游戏，尤其适于低龄儿童，可以使幼儿色彩搭配的美感和调配颜色的技能都得到发展。

（四）折纸

折纸主要是利用纸的不同质地、性能，采用折、叠、卷、翻、插等手法，辅之以剪、接、嵌、拼、画等技巧，表现出各种物体的空间形象。折纸是一种古老的传统艺术，具有材料来源广泛、折法简便易学、形象惟妙惟肖、造型生动美观等特点。此外，折纸充溢着一种天真烂漫、玲珑纤巧的童趣，契合幼儿的娱乐心理。

在折纸的过程中，通过手部肌肉群的运动，能促进幼儿肌肉和大脑相应部位的发育；折纸必须遵守从前至后的折叠步骤，能培养幼儿认真观察的习惯和做事的顺序性、条理性；折纸是将点、角、线等反复重合，构成三角形、正方形、菱形等各种形状，有效地促进了幼儿数理概念的形成和空间知觉的发展；幼儿在折叠新形象的过程中还可以加强对事物的认识，开阔视野，同时发展创造力和想象力。总之，折纸对开发幼儿智力、激发想象力、从小培养他们的形象思维能力和动手能力有独到之处，是幼儿教育活动的重要手段之一。

（五）纸浮雕与头饰

纸浮雕是一种新型的精细纸艺，即利用转、折、凸、凹、弯、剪、割、揉等方法表现立体效果与层次感，将纸张裁制成适宜的图形，再组合成自己所设计的理想造型。

纸浮雕创作要求具备较高的精确性，因此，引导幼儿进行纸浮雕创作，有助于培养幼儿认真作业的态度。在纸浮雕制作过程中，幼儿不仅能够体验浮雕艺术带来的乐趣，同时纸浮雕创作的严格程序对于培养幼儿的秩序感也具有重要意义。

千奇百怪的面具和头饰总会吸引人们的眼球，不仅如此，面具和头饰的制作过程也充满乐趣。制作面具与头饰是幼儿园纸艺活动的重要内容，这一制作过程是对多种纸材、多种技法的综合运用。这种纸艺创作既考验幼儿的创造力、想象力，又对幼儿的整合能力提出更高要求。

第二节 折纸

折纸艺术起源于中国。早在西汉时期，中国就出现了以大麻和少量的苎麻纤维制造的纸张。折纸又称"工艺折纸"，是一种以纸张折成各种不同形状的艺术活动。在大部分的折纸比赛中，要求参赛者以一张无损伤的完整正方形纸张折出作品。折纸与自然科学结合在一起，不仅成为建筑学院的教具，还发展成为现代几何学的一个分支。折纸慢慢发展为一项有益身心、开发智力和思维的活动，一个和平与纪念的象征手段，也是一种极佳的消遣方式。

一、折纸的常识

（一）材料

1. 色彩各异的折纸。色彩丰富，有多种颜色可供选择。折纸并不仅仅限于单色或者双色，根据所需要表达的事物本身，可以使用色彩丰富的材料进行折纸。

2. 双面彩色的折纸。种类包括双面均为单色或一面花色一面单色。制作象形物极为方便。很多纸都采用了双面双色，为进行立体事物的创造提供了很好的表现原材料。

3. 带晕色的折纸。带晕色的纸是折牵牛花及仓鼠时不可缺少的材料。晕色的纸能在光线上提供更多的立体感，从而增加对人感官上的刺激。

4. 网眼类的折纸。用纤维织成的布类折纸，性能与纸相同。但是所表现出来的质地感受和传统的纸质是有明显区别的，往往能起到以假乱真的效果。

5. 具有金属光泽的折纸。金银等箔片类折纸易皱难折，但其可塑性强，再加上所产生的"光线"反射和折射效果，颇受孩子们的喜爱。

6. 印刷质感的折纸。虽然几乎所有的薄片状材料都可以折叠，但材料的选用会直接影响折叠的效果，乃至模型的最终外形。

标准影印纸适用于简单的折叠，如纸鹤。较重的纸适用于湿折。湿折法可为模型塑造较圆的造型，因为湿水部分干后会变得坚固。特别的折纸用纸多裁成方格纸的形式，尺寸由2.5~25厘米大小不等。常见的折纸用纸是一面彩色，一面白色的；不过，双面彩色或有图案的纸亦见于市面，这些最适合变色模型。至于较轻的折纸用纸，模型的适用范围更广。有衬铝箔纸，顾名思义，是一张与薄纸张胶合的金属薄片。某些折纸爱好者也会自制所谓"合成纸"，就是将铝箔与薄绵纸胶合起来使用。

（二）注意事项

1. 折痕要制作得非常明显，用指尖在折叠处来回划几次。

2. 确保所有的折叠都尽可能地正确，如果折叠有误，最后的作品就往往不对称或是很别扭。

3. 不要开始就尝试很难的折纸制作，先做一些相对容易，步骤简单的。

4. 用大的纸，建议开始时使用A4纸，必要时裁成正方形进行操作，熟练后就可以用小一点儿的漂亮的纸。

5. 可以使用正反不同颜色的纸，这样可以比较清楚地确认作品的内外。

6. 在进行折纸制作之前先将所有的教程步骤浏览一遍，这样就不会漏掉步骤或是弄混步骤。

7. 多加练习，才能达到事半功倍的效果。

二、折纸的符号

对于新手来说，在学习折纸的教程中，可能有一些专业术语或者符号看不懂，现介绍如下。

线段主要分为以下几种：

————粗线表示纸边

－·－·－·虚线表示谷折法

－ － － － －有点虚线表示山折法

…………点线表示纸下面的折纹或者参考线

三、折纸的基本折法和基本形状

折纸的基本折法和基本形状对于幼儿园阶段的折纸学习，主要是较为基础的简单折纸，包括对边折、对角折、两边向中心折、向心折等基本折法。

山折法：把纸沿线向下折；

内翻折法：按照沿线向内翻折；

外翻折法：按照沿线向外翻折。

第三节　撕纸

撕纸也是一项艺术，它带毛的不规则沿边与剪纸、绘画等艺术给人的感觉是不同的。为了让幼儿主动参与撕纸活动，我们创设了浓郁的撕纸氛围，让他们感受撕纸作品粗犷的线条美，激起幼儿的撕纸兴趣。美工区的周围墙壁上，可以张贴优秀作品，并设优秀作品介绍栏。除给幼儿带来美的享受外，还可以对其起到暗示和引导的作用，激起幼儿主动参与活动的兴趣。而撕纸手工制品也可以充分地激发幼儿的创造性思维，实现幼儿园教育教学的目的。

一、撕纸的工具材料

幼儿园纸艺活动的工具与材料丰富多样，每种工具与材料都不尽相同，应充分了解每一种工具、材料的特征，从而在实际活动中科学选用。

其主要的工具材料包括以下几种：

（一）纸质材料

对于撕纸而言，其主要材料就是"纸"，纸质材料可分为以下几种：

1. 蜡光纸

蜡光纸的纸面比较光滑，有光泽，有多种颜色，可用于折纸、剪纸、拼贴、撕纸等多种纸艺活动，是幼儿园纸艺活动中应用最为广泛的纸材。

2. 硬卡纸

多用于制作纸浮雕，或者作为粘贴纸的底版，剪裁成条状后也可进行编织。制作中，既可直接选取所需颜色，也可选取白色卡纸，以便于后期涂色。卡纸坚硬、表面光滑、色彩明艳、制作效果精细，对于幼儿的手部力量和小肌肉精细动作要求较高，适于中、大班幼儿选用。

3. 打印纸

白色和彩色打印纸在纸艺活动中也较常用。白色打印纸可用于折叠，涂上颜色后，其作品很逼真，很有特色；彩色打印纸无论在折纸还是在撕纸中都会经常用到。

4. 皱纹纸

皱纹纸柔软、不定型，可以通过多种手法进行加工创作，是幼儿园纸艺活动中应用较多的纸材。皱纹纸可直接撕成各种形状，也可以揉成团、搓成卷再进一步组合加工。

5. 宣纸

宣纸主要用于染纸与剪纸活动。由于宣纸柔软，纸质较薄，便于幼儿折叠后进行剪铰，在一定程度上解决了折叠后幼儿剪不动的问题；宣纸具有吸水性与晕染性的特点，尤其适宜幼儿园的染纸活动，能产生较佳效果。

6. 其他纸质

其他纸质包括生活中的废旧报纸、广告纸、瓦楞纸、纸盒、卫生纸等。生活用纸和生活中的废弃用纸都是纸艺活动重要的纸材来源，洁白柔软的卫生纸、色彩缤纷的广告纸、大张的报纸、坚硬美观的纸盒等，经过幼儿的想象和集体创作都会带来意想不到的效果。

（二）撕纸工具

撕纸手工的工具相比其他手工制作的工具要简单，不需要过多复杂的工具就可以制作出精美的手工艺品，其主要工具有：

1. 铅笔

铅笔主要用于描绘图形、勾画轮廓。

2. 粘贴材料

（1）糨糊

糨糊是最古老的粘连材料，成本低、制作方便、粘连效果好，并且不易影响作品效果。

（2）液体胶水

液体胶水密度小、易流动、不易控制，适用于中等厚度的纸材粘贴，在幼儿园使用不多。

（3）固体胶棒

固体胶硬度较大、可控性强，主要用于粘贴图形，可以直接涂抹到图形上，也可以涂抹到粘贴图形的物体或纸张上。这种粘贴材料在幼儿园中最为常用。固体胶开盖、合盖的动作以及对涂抹面积的控制都对幼儿的动作和手眼协调能力的发展有所促进。

（4）透明胶带

透明胶带常用于粘贴非平面纸材，黏合效果牢固。

（5）双面胶

双面胶主要用于拼贴图形，在纸艺活动中十分常用，尤其适用于粘贴条状或较小面积的图形。使用双面胶要经过撕—粘—揭—粘的过程，在这一过程中幼儿手部的小肌肉动作以及动作的顺序感得到发展。在使用双面胶的过程中，教师须引导幼儿注意将撕掉的废纸条放到指定地点或容器中，培养幼儿的秩序感和良好的卫生习惯。

二、撕纸的表现形式

撕纸画的形式从题材上可分为植物、器物、建筑、交通工具、风景、动物、人物等；从外观形式上可分为独幅撕纸画和连续撕纸画；从作品的表现上可分为习作性撕纸画和创作性撕纸画。撕纸画的题材虽然多种多样，但在选择题材与表现形式时应引导幼儿紧紧地扣住生活的实际，只有在源于生活且高于生活的基础上才能创造出丰富多彩的具有生活情趣的作品。在撕纸练习过程中可以通过各种手段和方法进行实验和尝试，完成的作品是否有保留价值无关紧要。在创作撕纸画时要求幼儿完成的作品在构图、造型、色彩、肌理等诸因素方面，都能较好地体现撕纸画所独具的生动性、趣味性、装饰性和艺术性，力求使作品感染人，使人从中得到美的陶冶和享受。

开展撕纸活动不仅可以使幼儿从小接触、了解民间的文化艺术，受到良好的艺术熏陶和审美教育，还可以促进幼儿的观察力、想象力和创造力的发挥。在过去的活动中，经常是由老师手把手地教，让幼儿模仿学习，反复练习，老师的评价标准也是孩子撕得像不像，忽视了对幼儿的想象、创造力的引导等真正能促进幼儿发展的宝贵因素。所以，深入探索如何发挥撕纸活动的教育作用，使撕纸与美术教育有机结合，发展幼儿的创造力和想象力，以全面提高幼儿素质。因此，我们在进行撕纸活动时，应主要遵循以下几大原则：

一是愉快和谐的原则。愉快和谐的氛围可以使幼儿得到更好的发展，因此我们在活动内容的选择和组织形式上都考虑到了活动的趣味性，以便让幼儿在游戏中学到知识，获得能力的提高。孩子们不断地想象、发现，知识便在他们灿烂的笑容和那舞动的小手中诞生了，而孩子们也在愉快和谐的活动中体会到了创造的快乐。

二是整合性原则。我们在活动的安排上还考虑到了内容的整合及教学方法的协调，把撕纸活动归入探索性教学活动中去。例如，开展建构式课程《各种各样的糖果》活动，通过老师的适时引导，孩子们有目的地选取了适合的材料，发挥自己的想象，设计出了许多奇形怪状的糖果。这样，孩子们的创造力又得到了一个极大的发挥。

三是发展性原则。撕纸活动不只是技能技巧的训练，更是一种综合技能和全面素质的活动，是促进幼儿各方面能力发展的平台。比如要求孩子将撕好的作品粘贴成画，或为作品添画，并让孩子为自己的作品取名，并讲述成一个小故事，这对孩子的语言表述、绘画能力起到了一定的发展作用。

有了以上原则的指导，再结合适宜的教育环境，在进行撕纸活动的实践时，让幼儿逐步了解撕纸的基本技能、基本方法，并进行综合应用，从而使幼儿的想象力和创造力得到了进一步的提升。

三、撕纸的基本技法

撕纸的主要工具材料是粘贴材料和纸。纸的点、条、形搭配使幼儿能够通过简单的手法创造多彩的撕纸世界。其具体的撕纸基本技法包括：

（一）基本技法

撕纸时要坐端正，手肘尽量不要靠在桌子上，手腕和纸要悬空，这样手腕可以灵活转动，不然会影响发力。左右手动作要协调自然，顺纸而撕，随心而动。撕纸是靠手指间互相配合而成的艺术。拿起纸张后，左手的拇指和食指夹紧要撕的部位，中指自然靠拢食指，起到固定纸的作用。右手拇指、食指同样持纸，按住要撕的部位，四指相对，指实掌虚，然后利用右手拇指的指甲垂直由上向下稍用力，食指由上往下朝相反方向扭曲，撕破纸张，依次逐渐向下移动，纸张尽量不要歪斜，撕时宜慢不宜快，撕一下，移一步，不要急于求成。撕纸的基本动作是撕、挖、抠、摘、镂、剜、折、叠。

（二）幼儿撕纸技巧教学

1. 教学游戏——掌握撕纸技能

由于年龄小，幼儿的肌肉力量发展得并不很好，协调性不够，因此在组织教学时，应遵循由易到难、循序渐进的原则，给孩子安排各种教学活动。

刚开始时安排幼儿进行任意撕纸。尤其是小班的幼儿有的根本还不会撕，他们撕纸的方法准确地说是"扯"，如果扯的话，纸很难断开，也无法做成想要的形状，所以必须先教他们怎样把纸撕开。在手指游戏中，幼儿对儿歌情有独钟，因此可以编成小儿歌让幼儿掌握撕纸的方法。"小小手，真能干，变成两张尖尖嘴，咬住纸头不松口。你一口，我一口，一口一口吃完了。"儿歌一念，小朋友也兴致昂扬地一边念儿歌，一边撕纸。通过几次活动后，幼儿很快就掌握了正确的撕纸方法。在幼儿掌握了撕的方法后，我们可以从撕长条纸（长方形）入手。一开始提供给幼儿的纸最好是打好孔的，这样可以降低难度，并且要求幼儿撕成长条就可以了。渐渐地在以后的活动中，逐步提高要求，不但提供没有打孔的操作纸，而且要求幼儿要撕得粗细均匀，中间不断开。为了使幼儿在学习同一技能时不感到无趣，可以设计不同的玩法，如贴横道线、太阳光、仙人掌、头发等。这和幼儿的生活经验比较贴近，幼儿参与的兴趣也很高，而且容易掌握撕长方形的方法，撕纸能力也得到了提高。在学会撕长方形的基础上，再安排幼儿学撕三角形、圆形，因为有一定的基础，所以学起来比较快。为了让幼儿更好地掌握撕长方形、三角形、圆形的方法，可以结合儿歌进行技巧教学。

2. 区域活动——巧练撕纸技能

撕纸活动是以技能学习为主的活动，它需要经常练习。因此根据撕纸教学计划，适时地在区域里提供相应的操作材料，让幼儿练习撕纸技能。如设计小动物盒子，憨态可掬的小动物张着大大的嘴巴，正等着小朋友喂给它们食物。面对如此可爱的小动物，引导幼儿将纸撕成细细长长的面条、方方的豆腐干、三角形的饼干、圆圆的糖果。在玩玩、说说的过程中，既练习了撕纸技能，又激发了关心小动物、照顾小动物的情感。例如，在制作立体玩具"小刺猬"时，我们将教室的一面墙装扮成美丽的草地，绿绿的小草、葱郁的大树、美丽的花朵，吸引着幼儿将自己制作的小刺猬放上去。有的小刺猬爬到了大树上、有的小刺猬躲进了草丛里、有的小刺猬正背着大苹果、有的小刺猬围成了一个大圆圈等，构成了一幅美丽的秋景图。

为了让幼儿熟练地使用小手，在区域活动中，投入锻炼小肌肉的材料，如绕毛线、分豆豆、双手扣扣子等，还利用桌面活动，请幼儿来玩拟人化的手指游戏"爸爸亲妈妈，爸爸亲姐姐，上班了。下班了，妈妈亲爸爸，姐姐亲爸爸，一家人亲亲热热在一起"。

3．日常生活——巩固撕纸技能

撕纸是通过物体外形轮廓来表现的。因此，它要求幼儿必须掌握物体的主要特征，特别是区别于其他物体特有的外形特征，这样，才能使人对他所要表现的物体一目了然。丰富幼儿有关各种动物、植物、人物方面的知识，了解它们的主要特点和外形特征，可为幼儿撕纸提供知识基础。因此，在日常生活中应注意引导幼儿观察身边的事物。在散步过马路时，可以引导幼儿认识斑马线，一边请幼儿看看斑马线是什么样子的，像什么；在大桥公园里捡落叶时，请幼儿观察大雪松是什么样子的；在看碟片时，请幼儿说说雪人又是什么样子的。孩子在看看、说说的过程中对事物外形特征有了大概的了解，可为以后的撕贴打好基础。

对于幼儿来说，自己的每一幅作品都是最漂亮的、最成功的，教师掌握了这一心理特点后，可以把每一次的作品展示出来，让大家一起来欣赏，并把幼儿的作品进行积累，可以从中了解幼儿每一次的进步和提高。

撕纸这一技能还可以通过家长帮助幼儿练习。及时让家长了解每一阶段的培养目标，让家长配合进行指导，使幼儿这方面的能力提高得更快。

四、撕纸的方法步骤

撕纸手工的操作方法和步骤相对简单，主要是锻炼幼儿的动手能力和创造能力，对于撕纸的方法和步骤也需要针对不同年龄阶段的幼儿进行不同的教学，如针对年龄较小的幼儿可以让其任意撕纸，不必按照固定的形状要求幼儿，而对于年龄较大一些的幼儿，可以让其按照一定的参照物进行撕纸的创作，培养幼儿的模仿、动手、创造思维等能力，具体的撕纸方法和步骤主要体现在以下几个方面：

（一）打孔撕纸

打孔撕纸是指由教师事先在需要撕的位置上用针、钉、打孔机、缝纫机等工具将纸做出洞眼，然后交予幼儿利用洞眼撕开而完成的撕纸。这种撕纸教学比较适宜低龄幼儿教学和刚刚接触撕纸活动的幼儿。因为这种撕纸可以保证幼儿在不破坏造型设计的情况下撕出所需要的形状来。如生活中常见的邮票、复印机纸就是这种打孔撕纸的应用，这也是撕纸造型的初级阶段。

（二）折压痕撕纸

折压痕撕纸是指在需要撕的位置上先折或压出痕迹来，减弱纸的韧性、强度，然后用手轻轻撕出所需要的纸形状的方法。这种撕纸教学适宜已有初步撕纸基础的幼儿。它可以深化幼儿的观察力和表现力，使脑、眼、手的协调配合得到培养和发展。如生活中常见的板纸、折扇就是这种方法的应用。这也是撕纸造塑的中级阶段。

（三）创意撕纸

创意撕纸是指根据画面具体内容的需要随意捏拉，撕出锯尺状、波浪状、直线状、曲线状等多种纸的形状的方法。这种撕纸教学适宜已经掌握了一定撕纸技巧的幼儿。它可以充分发挥纸材料的性能，创作出千变万化的撕纸艺术作品来。这也是撕纸造型的高级阶段。

（四）基本撕纸

印痕撕——有两种方法，一种是先用缝纫机（或用针）在纸上按一定的形状要求，扎许多小孔，然后按小孔来撕。另一种是用笔蘸水画上痕迹，然后按水的痕迹来撕。

折叠撕——先将纸折叠，然后再按折叠痕迹撕，打开后即成图形。

目测撕——根据自己的想象和目测，将纸撕成一定的形状。

五、撕纸在幼儿园中的应用

撕纸是幼儿喜欢并乐意参与的一项手工活动，在幼儿园开展撕纸活动不仅能使幼儿从小接触和了解民间的文化艺术，受到良好的艺术熏陶和审美教育，还可以提高幼儿的观察力、想象力和创造力。《3-6岁儿童学习与发展指南》中提出，在艺术活动中，要尊重每个幼儿的想法和创造，肯定和接纳他们独特的审美感受和表现方式，分享他们创造的快乐。

（一）对幼儿发展的作用

在探索撕纸活动的过程中，不仅满足了幼儿的兴趣，还可以使幼儿增强注意力和培养持之以恒的耐心，同时也可以培养幼儿的观察力、想象力，发展幼儿的动手能力。幼儿在撕纸时，可以把自己撕下的纸想象成任何东西，进行构图，在撕的过程中，幼儿的动手能力就在做做玩玩中培养起来。由此可见，撕纸对于幼儿的智力开发、创造力、想象力的培养有着非常重要的作用。而撕纸艺术作为中华民族的传统文化艺术形式之一，对于幼儿了解中国传统文化，培养幼儿良好的审美情操、气质等方面都有重要的引导意义。

1. 放大幼儿探究行为兴趣

对于幼儿撕纸活动来说，撕纸的技能是不受限制的，只要用大拇指和食指向前向后对立撕，并能把纸撕下就算掌握了基础的撕纸方法，不过，还必须有一个很重要的前提——幼儿愿意动手去进行撕纸活动，所以激发幼儿对撕纸活动的兴趣至关重要。如果只是让幼儿这样练习，幼儿对撕纸活动的兴趣就会很快消失，跟着而来的反而是对撕纸活动的抵触心理，所以，我们可以利用一切幼儿在生活中熟悉的事物形态作为课题内容。但对于相同的课题也有不同的表现手法，如在"下雨了"活动中，幼儿迁移生活经验说出雨有小雨和大雨之分，在表现的时候就生成小雨撕小、大雨撕大的纸片表现方法。在这些撕纸游戏的实践过程中，教师能够通过引导激发幼儿的探索兴趣，锻炼幼儿的智力开发，激发幼儿潜在的创造性。

2．对幼儿动手能力的培养

撕纸活动在幼儿园阶段主要是培养幼儿的动手能力，在活动中，要让每一位幼儿都愿意参与到活动中来，对活动的材料就要有一定的要求——色彩鲜艳。可以鼓励幼儿寻找更多的撕纸素材，以便对作品进行创新。幼儿在进行撕纸游戏和撕纸手工制作的过程中，能够通过动手制作出各式各样的精美手工制品，能够有效地培养幼儿的动手能力，而且这些手撕工艺制品，也会让儿童充满自豪感，愿意与人分享，培养幼儿与人交往的能力。

（二）在幼儿园环境创设中的作用

撕纸活动属于艺术领域的范畴，幼儿可以通过撕纸作品进行欣赏美、感受美、表现美的情感体验。制作每一幅撕纸作品都是给幼儿一次美的熏陶、美的教育，我们不仅可以让撕纸活动成为单一的美术教学手段，也可以让撕纸活动成为幼儿欣赏美、感受美的途径，让幼儿在活动中初步感受作品的美，学会享受美的事物。撕纸活动的材料颜色很多且十分鲜艳，幼儿在制作的过程中，需要有一个对色彩的认识，而色彩对于幼儿来说，单纯用语言来引导认识不太适合，而用实际的颜色来引导幼儿，培养幼儿对颜色的认识效果较好，教师可根据季节以及幼儿平时的生活经验布置欣赏角。在和幼儿共同布置欣赏角的过程中，引导幼儿初步了解什么是暖色，什么是冷色，什么颜色放在一起好看，这能为他们后期制作撕纸作品打下良好的色彩基础。由此可见，撕纸在幼儿园环境创设中的作用也是十分重要的。

（三）其他作用

撕纸活动是一种创造性活动，然而撕纸活动一般易被我们忽视，认为是在"瞎玩"。其实不然，幼儿的撕纸活动像猜谜、绘画、玩翻绳等游戏一样，不是单纯的玩儿。单纯的玩儿虽然也能引起幼儿的兴趣，但那是随意性的、盲目性的，幼儿的注意力不够持久。幼儿撕纸活动实际上是一个由无意识地玩纸到有意识地模仿成人撕出一定图形，再发展到创造性地撕出一些物体图案的过程。而且，通过撕纸活动，我们可以使幼儿学会各种撕纸的技能技巧；可以培养幼儿的美感，激发幼儿去创造美、表现美；可以训练幼儿手、眼、脑协调并用的能力，发展幼儿手指肌肉的灵活性和协调性，使幼儿的小肌肉群得以发展；还可以培养幼儿细心、专心、耐心的良好品质和行为习惯。

第三章　幼儿教育与布艺手工

布艺是一种古老的民间艺术，能让幼儿产生丰富的构想，给幼儿以真的启迪、善的熏陶、美的享受。但现在的幼儿生活在电子时代，活动在室内居多，从小和动漫、卡通为伴，在物质条件优越的孩子身上已很少看到带有民间色彩的东西。对于布艺手工而言，布有丰富的质感，又有五彩缤纷的色彩，布艺是利用各种不同颜色的边角料，按颜色和设计好的轮廓，经过裁剪、粘贴、缝制、装饰、组合成立体感强、色彩鲜明、新颖别致、风格独特的艺术品，为我们的生活增添不一样的温馨，与此同时，布艺手工取材方便，操作简单，形式多变，适合3~6岁幼儿操作。

第一节　布艺手工概述

布艺手工，指的是传统意义上的布艺，即以布为原料，集民间剪纸、刺绣、制作工艺为一体的综合艺术，是中国民间工艺中一朵瑰丽的奇葩。中国古代的民间布艺主要用于服装、鞋帽、床帐、挂包、背包和其他小件的装饰（如头巾、香袋、扇带、荷包、手帕等）、玩具等。动植物身上的装饰性的花卉等，都是通过剪和绣的工艺制作而成。这些日常生活用品不仅美观大方，而且增强了布料的强度和耐磨性。发展到现在，布艺有了另一种含义，即以布为主料，经过艺术加工，达到一定的艺术效果，满足人们的生活需求的制品。当然，传统布艺手工和现代布艺手工之间没有严格的界限，传统布艺也可以自然地融入现代装饰中。

一、布艺手工创新教学的基本理念

在现代幼儿教育理念指导下，布艺手工教学将"小组合作、探究学习"作为主要教学手段与学习方式，让小组合作探究贯穿整个课堂教学过程，努力实现让每一个孩子都得到充分发展的基本目标。具体体现在以下几个方面：

（一）以人为本，全面发展

多元智能理论和后现代主义理念认为，每个成长的幼儿都有要求进步的愿望，都蕴藏着巨大的发展潜能，教师应引导他们最大限度地发挥创造性和能动性，使他们在主动参与、自主学习中由不全面逐渐发展到全面。在创新教育的过程中，教师应把"以人为本，全面发展"放在首位，在尊重个体、因材施教的同时，对于动手能力差的幼儿，重点指导，使其体验学习的乐趣。

（二）自主探究，合作学习

构建主义学习理论认为，知识不是被动接受的，而是一个由认知主体积极建构的过程。如今，越来越多的幼儿园教学中强调幼儿学习方式的转变，要求幼儿能够进行自主探究、合作学习。让幼儿在学习的过程中能更好地发现问题、提出问题、分析问题、解决问题，从而提高学习的能力。在手工布艺教学的过程中，让幼儿进行合作探究学习是一种比较理想的教学方法，放手让幼儿在各个环节中自觉主动地学习是一种理想的学习状态。

（三）面向生活，促进发展

教学面向幼儿的生活，根植于幼儿的生活之中，让幼儿在获取知识、提高技能的同时，情感和价值观等方面协调发展，这是手工布艺创新教学所秉承的基本目标。在教学中，教师会选择一些意义深刻的内容，如在三八妇女节期间，教师选择"为母亲做袖套"这一学习内容，让幼儿在获取新知的同时，学会感恩，树立良好的道德观和价值观。

二、落实手工布艺创新教学的基本策略

为了提高教学质量，实现以人为本、主动探究等基本理念，并兼顾高效课堂的教学要求，手工布艺创新教学主要采用合作与探究的方式，运用"五环"创新教学法。

（一）激趣环

在教学过程中运用谜语、图片、录像、故事、实物等手段来激发幼儿学习的兴趣，使他们的创作欲望能得到最大程度的激发。同时由于布艺教学的特殊性，在激趣环中教师可以直接用示范的方法来进行，在示范中帮助幼儿熟悉使用工具和材料，掌握布艺制作的基本方法、步骤和技能。通过教师手把手地示范，幼儿的制作欲望油然而生，下一步便能顺利进行。

（二）模仿环

通过兴趣培养，让幼儿跟着教师模仿布艺作品的制作方法，了解制作

过程中需要注意的问题。让幼儿在试一试、比一比中慢慢领会本节课所教内容的制作方法。模仿环相当重要，它是幼儿自己感悟具体方法的一环，也是培养自主探究学习能力的有效方法。幼儿的模仿能力存在着差异性，在这一环节中我们可以让幼儿以小组合作的形式操作，让他们有机结合，互帮互助，以达到取长补短、互学相长的效果。

（三）独立环

通过模仿环的练习，进入第三环"独立环"。让幼儿在辨一辨、改一改的环节中独立完成自己的作品，发展幼儿独立思考、综合分析问题的能力，教师则在旁边有效引导。如在教学"袖套"创意时，提问"现在袖套已经基本成型了，如何做才能与众不同"。

（四）欣赏环

让幼儿有备而"赏"，在欣赏前先根据内容的重难点设计几个问题再欣赏，从而缩短与欣赏内容的差距，有目的地欣赏，激发幼儿学习的兴趣。在欣赏中，思维得到碰撞，制作方法得以优化，取长补短，促进幼儿的发展。此外，也可穿插与内容相关的优秀作品制成视频让幼儿欣赏，对于提高幼儿审美情趣和布艺制作技巧都非常有益。

（五）品读环

精彩、有效、生动的评价方式是幼儿学习活动持续发展的动力。通过自评、互评、小组评议、教师点评等多种形式，由"评"到"品"，尊重他们的思想，鼓励幼儿自圆其说，使之在不断品评中助推幼儿创意火花的迸发。还可开展"布艺与生活"的大讨论，用另一种方式品读对布艺DIY的喜爱之情。

三、布艺手工创新教学的现实意义

瑞士心理学家皮亚杰认为：教育的首要目的在于造就有所创新、有所发明和发现的人，而不是简单重复前人做过的事情。人类社会进步与发展，离不开创新；世界各国的经济竞争实质上是科技的竞争，是智力的竞争，是人的创新与发明的竞争；创新决定着一个国家、民族的综合实力，关系着一个国家的命运和前途。而要培养创新型人才，必须从小抓起。创新型人才既要有很强的智力与能力，又要有独立的人格和良好的个性心理品质；既要敢于冒险、竞争，又要善于与人合作；既要有丰富的知识，又要有实践与操作能力。幼儿未来的生活不应该是我们现在生活的简单重复，应该创造性地开展各种教育活动。手是人类的第二"大脑"，"儿童的智慧在他的手指尖上。"人们常说"心灵手巧"，让幼儿在活动中动手、动脑，手脑并用，能使幼儿的智慧和能力得到更好的发展。幼儿手工制作是教师引导幼儿发挥想象力与创造力，直接用手操作简单工具，对各种形态的物质材料进行加工、改造，制作出占有一定空间的、可视的、可触摸的多种艺术形象的一种教育活动。手工制作活动为训练幼儿手指活动的灵巧提供了有利条件。手工制作是一个始于感知、终于行动的过程，经过反复练习，幼儿手指灵巧，手巧促心灵，心灵手更巧，从而发展了创新思维，是培养幼儿创新思维的重要途径之一。

布艺是我国传统的民间艺术。几块小碎布，一双条纹袜等，经过精心地设计、剪裁、缝制（拼组）、装饰就能成为一件精美的作品。对于幼儿布艺手工教学而言，要能够从地方产业特色、学校的实际情况和幼儿的发展出发，确立以手工布艺为特色的教学，体现布艺手工的教学意义。

（一）点燃了幼儿的学习激情

教师根据自身能力与班级特点，以布艺创新教学为依据，制定相应的教学策略，开展教学活动，不但提高了课堂40分钟的教学效率，而且使幼儿对布艺创作活动也更感兴趣了。促使许多幼儿从不喜欢到喜欢，充分点燃幼儿对布艺手工学习兴趣的火花，有利于幼儿心智的全面发展。

（二）激发了幼儿的求异思维

手工布艺创新教学，蕴含着高效、自主、创新的内涵，在教学中努力诱导和启发幼儿从多角度、多方面认识问题，解决问题，给幼儿提供了一个思维发展的空间，使广大幼儿积极、主动地参与到手工布艺的学习中，激发其思维，体验其创作的成功，从而感到学习的乐趣。

（三）满足了幼儿课程的发展需要

手工布艺创新教学的实施，在为幼儿的幸福人生奠基的同时，也为布艺课程进一步的发展提供了保障。通过一系列活动，将布艺教学与素质教育相结合，与课程改革相结合，与教师专业发展相结合，不断丰富学校布艺文化艺术的内涵，使更多的人喜欢上布艺，让课程与时俱进地充实与发展。

第二节　平面布艺手工——布贴画

布贴画，顾名思义就是以纺织布料、硬纸板为主要材料，通过拓描、裁剪、粘贴等方法制作出来的画。布贴画是一种特殊的画，和真正的绘画不一样，是用各种颜色和质地的布剪贴而成的。它操作简单、效果明显、装饰性非常强。它不但可以培养孩子的审美能力、想象力、观察力和创造力，还可以培养他们的自信心、耐挫力等良好的意志品质。

布贴画材料和工具的简便，活动形式的丰富性和趣味性，符合幼儿的年龄特点和心理发展规律，同时具有浓厚的民间艺术气息，和幼儿的生活密切相关，可以提高幼儿的学习兴趣。通过布贴画教学，让幼儿在教学活动中亲自动手，掌握布贴画制作的方法，体验运用脑和手把普通材料变为艺术品的自豪和喜悦，同时培养他们热爱民间艺术、热爱生活的情感。

一、布贴画的工具材料

（一）布贴画的工具

布贴画的制作工具主要有：剪刀、裁纸刀、尺子、镊子、铅笔、复写纸、彩色笔、水彩、毛笔、黏合剂（黏合剂的种类有白乳胶、双面胶带条、固体胶、胶水等，常用的是白乳胶和双面胶）。

（二）布贴画的材料

1. 内衬纸板

根据画面的大小，可选用不同规格的内衬纸板：一般制作小幅布贴画，所用内衬纸板厚度为0.3~1.2毫米。各种食品、药品、香烟、饮料、衣物的包装盒，硬皮的挂历纸，厚纸画册等材料都是很好的内衬纸板。

2. 底衬板

如纤维板、三合板、草纸板、塑贴板、硬纸板等。一般厚度在0.8~3毫米为宜。底衬板如果需要包裹，可用壁纸、彩色纸或布等纺织面料来包裹。

3. 布料

布贴画的主要材料是布。要充分利用各种废弃的碎布头，不穿的旧衣物，花布、格布、针织布、无纺布、丝绸布、化纤布等纺织面料和各种毛线。平时尽量收集各种颜色、各种质地、不同图案和花纹的碎布头，可去各服装加工点、裁缝铺找，也可找亲朋好友要。布头多了，就要按颜色、质地进行分类放置，制作布贴画时，才能得心应手，选择自己喜欢的布料颜色，便于构思画面。如果布料脏了要清洗干净。布料褶皱不平整的，可用电熨斗熨烫，使布料平整顺滑。

4. 填充物

如海绵、腈纶棉、泡沫、棉花等。主要用于填充布料与衬纸板之间，增强布贴画的立体感。怎样才能让包包挺括不变形？在包包的面料上烫一层黏合衬，面料就会比较挺括，另外，里子用布可以厚一些，也可以起到支撑的作用。

二、布贴画的表现形式

布贴画在工艺上分为平面表现形式和半立体表现形式两种。所谓的平面形式是指在制作时采用平贴的形式，适当做些表面处理，如用晕染的方法进行加工使布的颜色具有一定的过渡。而有的时候对布进行一些再处理，如在布的边缘做些损边，使其边缘具有毛边等效果。而半立体形式是指对布进行处理，在其内部填充些海绵等物，使画面展现半浮雕的效果。

这两种表现形式各有优点，在选择时要根据画面的需要进行，服务于主题内容，这种效果的运用丰富了肌理的制作手段，能更好地表现创作主题。

布贴画在创作语言上分为装饰性的布贴画和绘画性的布贴画两种。这两种形式以装饰性的布贴画运用得较多。所谓的装饰性布贴画是指在构图形式上具有装饰性，表现的题材过去多以动物、人物、风景和吉祥纹样为主，现在以表现抽象、装饰味强的风格居多。绘画形式的布贴画是用"布"这一手段表达出绘画的效果，别有一番风味。这种制作方法是用布料的天然纹理和花纹，将绘画用布贴的形式表现出来，制作纯朴、自然，是画笔染料所不能替代的。

三、布贴画的基本技法

第一，构图：确定要表现的风景内容。

第二，画草稿（有主景和背景）。

第三，根据画面要表现的景物，选择布料的颜色、质地。

第四，按照风景的远近层次进行粘贴。然后在此基础上添加人物，从简单的风景布贴画向人物布贴画过渡。

总的来说，就是从对比入手，先主体后背景，逐步深入刻画，如深底色就亮主体，亮底色就深形象，然后逐步加入中间色调的层次，使画面既有强烈的对比，又能产生丰富的层次。运用好花布本身的色彩、纹理、质感是制作布贴画的一个法宝。另外，除充分利用布料的形状色彩以外，有时布料的毛边布丝也可以起到很好的装饰作用。在构图上则要注意有疏有密、错落有致。坚持要幼儿按由简到繁，由朴素至艳丽，由简洁概括至繁杂深入来学习布贴画，目的就是引导幼儿更多地体会碎布材料的艺术特性，并充分加以发挥。

四、布贴画的方法步骤

（一）准备工作

制作布贴画必须做好以下准备工作。第一，要按照颜色、质地，将布料进行分类放置，再对其进行清洗，除去油渍污垢。第二，对那些褶皱不平的布料要用电熨斗熨烫，使其平整顺滑。第三，用于制作作品中特殊部件的布料要进行上浆处理。方法是：将白乳胶兑上一定比例的水，搅匀后将布料放在胶水中浸泡一会儿，而后取出晾干备用。另外，在粘贴布料和拼装作品之前，一定要用清水将手清洗干净。

（二）设计底图

底图的设计构思来源于两个方面：一是创作者将平时收集的各种图片、资料，加以吸收、改造，把那些适合做布贴画的内容留下，不适合的内容删除，缺少部分做适量添加；二是依靠作者对生活的观察理解和对美的发现沉淀，经过反复构思，创作出全新的、能反映作者艺术思想和功力的底图。

（三）拓描图样

拓描就是把复写纸垫在底图和内衬纸板之间，再用笔按照底图的结构、形状，分别画出分解图样。然后将其剪下来，就得到了布贴画各部件的图样。

（四）粘填充物

其方法是：在作品部件的周边均匀地抹上一层胶水。再将抹好胶水的作品部件粘压在蓬松棉薄片上。最后将蓬松棉粘牢，用剪刀沿着部件的边缘裁剪下多余的蓬松棉。

（五）选配布料

按照作品底图的形状和创作者的创作构思，选配好所需的布料。选配布料很关键，选得好会使画面增辉，选不好会使画面黯然失色。

（六）裁剪布料

选配好布料后，依照不同形状的内衬纸板，分别把布料裁剪好。

（七）粘贴布料

粘贴布料是制作布贴画的重要环节，其水平的高低直接影响作品的质量和档次。常用的粘贴方法有以下几种：

包边粘贴法：首先，用牙签在部件周边抹上薄薄的一层乳胶或胶水，粘在事先选好的布料上。其次，将多余的布料剪下来。剪裁时要留出1~2毫米的余量作为包边。再次，用牙签把胶水抹在包边上或内衬纸板反面的边上。最后，边包边捏将包边粘在内衬纸板的反面。

剪贴法：根据作品需要将某些部件直接拓描在上过浆的布料上，再按照拓描在布料上的线条，用剪刀剪出部件形状，直接粘贴在作品上。

刺绣法：为体现特殊效果，制作过程中常用刺绣法来绣出人物服装的褶皱、植物叶子的脉络等。

（八）拼接顺序

拼接前先将包好的各部件按顺序码放在作品底图上，确认没有问题后，再动手粘贴组合。粘贴前先根据各部件之间接触面的大小，确定用什么材料粘贴。通常接触面较大的部件使用双面胶条粘贴，接触面较小的部件则用胶水粘贴。拼接时要按照先主要部位后次要部位、先底层后上层的顺序进行。

（九）勾画着色

在制作布贴画过程中，常遇到手头布料的颜色、花纹不能很好地表现作品内容的情况，此时可以利用彩色笔或水彩在白色或单一色布料上进行勾画、着色，使其花色更加丰富多彩，达到深刻、准确反映作品内容的效果。

（十）制底衬板

根据作品内容的要求选用不同形状、不同材质的材料制作底衬板。方法是：选一张厚度为0.3毫米左右的纸板，按作品的大小对其进行裁剪。再选一块白布作为底衬布，用剪刀把多余部分剪掉。裁剪时应留有10毫米左右的余量，而后在纸板的边缘粘上双面胶条，再将布料与纸板粘牢。最后再选一张白纸粘在底衬板的反面，这样，作品的底衬板就做好了。

（十一）包装装裱

布贴画作品的包装形式有很多，其中最简单的就是塑料包装。有些作品则以背景做包装，有竹帘的、壁布的、壁纸的、普通布料的，还有高档麻纱料的。另外，一些高档作品，则需要配上精美的画框，才能成为一幅完整的工艺品。配制画框时要根据作品的内容、风格、画幅的尺寸，以及作品色调来选配画框的大小、颜色与种类。

以上介绍了制作布贴画的一般方法步骤，但它不是一成不变的，有时会随着作品内容题材、表现形式的变化和所用布料的不同而改变其方法。

当有些作品需要增强画面立体感和浮雕效果时，就必须在内衬纸板与布料之间包上一层蓬松棉或棉花，再将布料的边粘贴在内衬纸板的反面。当作品的某些部位需要体现质感时，我们可将较厚的布料，如粗呢子、锦缎、绒毛料与内衬纸板图样直接粘贴在一起，照图样形状剪下布料就可以，不需要留出粘贴余量。有些部位使用较薄的布料，也可以采取这种方法，以达到不同的艺术效果。

制作布贴画时色彩搭配既要协调又要统一，要多用过渡色，做到既符合现实生活又高于现实生活。应特别注意的是，所创作的人物形象、服饰、发型等都要符合题材内容所反映的时代背景，如社会环境、人物气质、风俗习惯等。

五、布贴画在幼儿园中的应用

布贴画在幼儿园中的应用主要体现在以下几个方面：

（一）对幼儿发展的作用

1. 培养幼儿勤俭节约的美德

历史和现实告诉我们，勤俭节约是中华民族的传统美德，是中华文明五千年的优良传统。从厉行节约的晏婴到一钱太守刘宠，从一代名相魏徵到民主革命家孙中山，无不为我们留下了一份份忧苦万民、勤劳天下的珍贵遗产。勤俭节约的好习惯要从小养成。布贴画的制作材料恰好就是生活中我们弃之不用的布角料。幼儿在收集布角料的过程中还没有什么感受，而一旦我们将这些不同质地、不同色泽、不同花纹的布角料制作成一幅幅精美的图画，他们就会感到很神奇。当一幅幅精美的图画出自幼儿自己的双手时，他们更会感到这些布角料的神奇。变废为宝是布贴画的特色，而收集整理布贴画的制作材料本身就是对幼儿勤俭节约好习惯的培养。

2. 培养幼儿的动手操作能力

手的活动与精细的动作可以刺激大脑皮层的运动中枢，同时，运动中枢又能调节手指的活动，神经中枢和手指交互作用，能促进大脑的发育及其功能的完善。心理学家一致认为，手指是智慧的前哨，这说明动作发展的重要性。在人的智能结构中，动手能力是一种最基本的而又十分重要的学习能力。幼儿的许多知识技能都是在操作活动中学会的，其思维也是在操作活动中逐渐发展的。布贴画的制作不仅要求幼儿先在纸上绘出美丽的图案，而且要求幼儿运用剪刀，将布块剪成合适的图形，然后用双面胶或胶水加以粘贴。其操作过程较难掌握，这就要求幼儿必须细心认真。这不仅锻炼了幼儿的动手操作能力，而且培养了幼儿做事认真细心的好习惯，使其越来越聪明。

3. 提高幼儿的色彩感知力

幼儿对色彩的认识和发现，一是来自对生活的直接观察，如红苹果、红萝卜、蓝天白云，凡是见过的、用过的都会形成色彩印象，这种色彩印象是最牢固、最深刻的，也是最接近真实的；二是通过临摹、观看美术作品，从而获得间接的色彩印象，如原野山川、晨晖晚霞、春光秋艳、霓虹夜色、奇禽猛兽等复杂的色彩变化，多是通过图片资料、影视图像等感受渠道，慢慢形成了色彩的记忆，成为涂鸦的依据；三是儿童的涂绘进入画境兴致时，教师和家长给予必要的指导，这样，久而久之也会强化幼儿的感知力，使其积淀比较丰富的色彩知识。幼儿在进行布贴画的创作时，不但要进行基本的色彩搭配，而且要对布料的质地、花纹、色泽进行比较、参考，最后进行合理的搭配。这样，不但使幼儿受到美的教育、美的熏陶，提升幼儿的审美情趣和艺术品位，而且提高了幼儿对色彩的感知和搭配的能力。

（二）在幼儿园环境创设中的作用

走进幼儿园，五彩纷呈的吊饰便展现在大家的眼前。内涵丰富的走廊吊饰环境，能够传达出诸多幼儿发展的相关信息。布贴画在幼儿园环境创设中的作用主要体现在以下几个方面：

1. 尊重幼儿的审美情趣，满足他们的审美需要

幼儿的审美情趣就是幼儿在日常生活和学习过程中逐渐形成幼儿自己对美的理解、感受和评价。我们要结合幼儿的身心发展特点满足他们的审美需要，使他们获得全面的发展。陈鹤琴先生认为，幼儿生来就喜欢美的东西。布贴画艺术环境的创设，首先就给幼儿的视觉上带来了美的冲击，不管是校园外墙，还是教室户外，不管是楼梯，还是走廊，不管是教室，还是专用活动室，处处都散发着美的气息、艺术的韵味，使幼儿无论走到哪里都能感受到美、欣赏到美。教师从幼儿审美情趣出发设计的走廊吊饰，有利于潜移默化地引导幼儿感受美、理解美、创造美，这样充满艺术美感的走廊吊饰，将使幼儿在设计好的吊饰主题环境中充分感受吊饰环境传达出来的意境和艺术。例如，在绿意正浓的夏日里，创设一个神奇的昆虫世界，长长的走廊，抬头望去，一片片巨大的绿色叶片上栖息着七星瓢虫、蜜蜂、蝴蝶、蜻蜓等，那些昆虫或在"唱歌"，或在"跳舞"，或

在"打架"。树叶是用白色泡沫刻制而成，淡淡的绿色水粉渲染出叶子的生动；小昆虫原材料是品种多样的竹制品，它的包装纸由教师和幼儿共同制作后贴在树叶上。这样优美的艺术环境让幼儿宛若置身于神奇的昆虫世界，他们在叶片下嬉戏玩耍，学着昆虫的叫声、姿势尽情地游戏，或是蝴蝶翩翩起舞，或是螳螂捕蝉，或是知了鸣叫。他们来到草地上追赶飞舞的蝴蝶，在草丛中寻找昆虫的踪迹，主动拿起画笔在墙壁的绘画角、画纸上画出了他们眼中的昆虫世界。吊饰的创设拉近了幼儿与大自然的距离，增强了他们认识自然界、感知自然界色彩的兴趣，激发了他们探索的欲望。

2. 结合教育活动，营造互动式环境

幼儿园吊饰设计不应该仅仅为了满足幼儿的审美需要，而是在吻合幼儿审美情趣的前提下，结合适当的教育活动，使幼儿接受一些教育。例如用布剪成小竹帘，下面用彩色毛线做成穗子，将三字经的内容贴在一排排的布帘上，使整个走廊创设出一种经典古诗的优美意境，营造出一个浓郁的书香氛围。这样布艺装饰就不仅仅是一个装饰，而是扩展出一个或者两个主题以及学习目标。这样的教学活动就有所依附，使幼儿在创设好的环境中游戏、学习，这样的学习、游戏更贴近幼儿的日常生活，使幼儿真正地"动起来"，营造了一个互动型的教学环境。

3. 环境的设置能培养幼儿参加手工活动的兴趣

《幼儿园教育指导纲要》中指出：环境是重要的教育资源，应通过环境的创设和利用，有效地促进幼儿的发展。手工活动并不是单纯地教给幼儿技能技巧，而是通过制作活动提高幼儿各方面的综合素质，环境的创设对于培养幼儿手工活动的兴趣起着重要的作用，不但可以开阔视野，丰富幼儿的知识，而且能受环境潜移默化的影响，主动产生参加手工活动的兴趣，使幼儿产生内部动力，有利于学习活动的开展。例如，在开展"各种各样的车"的系列制作活动中，在环境创设上我们开设了"有趣的车展"系列板块，包括"我见到的车""未来汽车""我设计的车""我对车的了解"等，教师和幼儿收集各种各样车的模型和图片，设置展台，请幼儿做小小讲解员，讲一讲自己喜欢的车的外形特征、功能等，这样，无形中加深了幼儿对于各种车辆的构造的认识。当为幼儿提供操作材料后，幼儿都兴致高昂地参加制作活动，分别制作了有趣的小火车、漂亮的翻斗车、迷你公共汽车、可爱的小货车、太空汽车等。孩子们在制作过程中能根据自己对各种车的理解，创造性地制作自己喜欢的车，收到好的教学效果，同时开阔了孩子的视野，提高了幼儿的想象力和创造力。

用布贴画装饰、布置幼儿园环境，会给幼儿创造一个新颖别致的良好空间，布贴画是一种比较独特的作画方法，画面材质新颖，色彩十分明快，富有感染力。将不同规格和内容的布贴画分别布置在梯厅和活动室内，可以使幼儿在获得美的感受的同时陶冶情操，潜移默化地使他们受到教育，真正实现寓理于情，寓教于乐。幼儿天真、活泼，他们早期性格与习惯的形成，与环境有着密切的联系，幼儿生理上的弱性，决定了他们对环境的依赖性；幼儿行为的可塑性，决定了环境作用的广泛性；幼儿身心发展的特殊性，决定了为幼儿创设良好教育环境的重要性。

（三）其他作用

《幼儿园教育指导纲要》中指出，幼儿园的布贴画装饰设计是体现学校文化、展现幼儿风貌、传达幼儿思维的一个重要平台。幼儿园环境体现的不仅仅是教师的构思，更多的是幼儿的智慧。以往的环境创设主要依赖于教师自己的想法和行动，完全不顾幼儿的想法与发展需求。现在的幼儿园环境布置中，教师们更多地明白了要充分注意幼儿主人翁的身份，让他们亲自参与到环境创设整个环节中来。一方面，教师应提供活动所需的相关材料，这些材料必须符合幼儿目前的创造能力，并且便于他们创造出贴近自己生活的主题与形象；另一方面，教师要放开手来，大胆地让幼儿自己去尝试创作，给他们充分的信任与鼓励。但是，只有幼儿在行为过程中确实遇到了麻烦，教师方可适当介入，给予适度的引导与帮助，但不能超越自己该扮演的引导角色，去代替幼儿的行为。

这样的创作方式在实际教学中有很多实在的应用效果，比如，以幼儿为主体创设情境。小班幼儿刚入园，恋家情结较重，为了让幼儿增加亲切感，我们让他们动手用自己的照片制作图片，将图片用作幼儿园环境设置。他们活动时看到自己的作品就会有非常亲切的感觉，从而消除了对新环境的陌生感与隔阂，渐渐投入到学校生活中来。

皮亚杰认为："儿童的思维是在与环境的相互作用中发展起来的。"幼儿园环境是幼儿日常学习、玩耍的重要场所，幼儿园环境的设计就和幼儿的发展有着密切的关系。因此，教师应充分发挥走廊吊饰从前期制作到后期效果的积极作用，结合幼儿发展特征和心理特征去用心设计与幼儿日常学习、玩耍相关的走廊装饰。并且利用布置环境的机会，让幼儿积极参与其中，亲自动手创造，投身其中去感受吊饰主题所传达出来的思想。这样不仅有利于幼儿想象力的发挥、协调能力的培养，还有利于他们形成良好的性格品质，这对幼儿的健康成长起着不可替代的作用。

第三节　半立体布艺手工——布嵌画

随着人们审美水平的提高和新材料的运用，由平面镶嵌发展到高低浮雕上再加镶嵌，丰富了镶嵌艺术的表现形式。布嵌画作为装饰画的一种表现形式，分为具象画和抽象画，一般以人物、风景、动物、植物为创作体裁，其形式多通过大小不等的色彩块面组合呈现它的艺术魅力。其特点是取材方便、经济，制作效果美观，富于浮雕感，手感温馨，装饰性强，易学易教，富有创造性，极容易激发起幼儿的学习兴趣，有助于提高幼儿的审美水平。

一、布嵌画简介

布嵌画是镶嵌画的一种表现形式，最初的镶嵌画"用小石块组成"，后来人们采用玉石、玛瑙有色玻璃、石块等材料"绘制"，这种画具有形象生动、经久不损的特点，一般用于装饰建筑物的墙面、天花板、首饰等。镶嵌画以其色彩的真实性和永久性，制作的多样性以及题材的广泛性而得以在世界上绵延流传。在美术史上，罗马以及中世纪东罗马时期的镶嵌画无论在数量上还是质量上都名列前茅。随着罗马人的足迹，镶嵌画传入了其他地方，各国艺术家都有各自的民族风格，从而发展了这一艺术。我国的镶嵌画早期大多出现在工艺品上，如殷商时代的铜器曾有错金和错金嵌玉的装饰纹样出现，帝王御花园的通道和民间的建筑中有用卵石镶嵌地面和墙面的镶嵌装饰画面。

二、半立体布艺手工制作

布的半立体造型：运用嵌入、包贴等手法，制作具有一定浮雕效果的布装饰作品，可作为教室或幼儿园活动室的壁挂装饰物。

布嵌画：利用各种不同质地、颜色的碎布，经过剪形、拼嵌而成的布艺制作。

（一）制作步骤

1. 构思设计：根据情节需求，首先在白纸上画出基本外形；然后根据画面进行合理的块面分割，一般规律是宜小不宜大；

2. 印稿或画稿：将图稿复印或直接画在泡沫塑料板上；

3. 选料剪料：选择色彩、质地合适的碎布料，从中选择最满意的布料组合与搭配，然后剪下（留1厘米左右嵌缝）；

4. 刻线：用美工刀或刻刀沿着图稿的轮廓线刻6毫米深的刻槽（不宜刻穿泡沫板）；

5. 嵌布：将布料沿布边缘用美工刀或平口螺丝刀逐块嵌入泡沫板的刻槽内；

6. 调整：将外露的毛边嵌工整；调整色块，使得画面工整协调。

（二）技法提示

1. 泡沫塑料板以厚度1~3厘米，密度紧实为宜。

2. 制作中要注意画面各种构成元素的协调与对比关系。

三、布嵌画教程

布嵌画，作为一种半立体的手工艺制品给人一种视觉上的立体感。

（一）教学目标

1. 知识与技能：通过布嵌画的制作，掌握简易设计与制作的基本步骤，并能根据自己的设计，制作具有技术含量的作品。在制作和改进技术的实践过程中，能从多方面做出有一定根据的评价。

2. 过程与方法：通过调查发现自己或他人的需求，确定设计的要求和构思的方案。通过评价与交流，发现和提出技术活动过程中出现的问题，修改原来的设计。

3. 情感态度与价值观：关注日常生活和周围环境中的技术问题，基本形成持续而稳定的技术学习兴趣，具有初步的技术意识和创新意识，认识到美来源于生活。

（二）材料工具

布嵌画的材料主要是布、毛线、泡沫板。幼儿搜集的布料来源很多，过时的时装、穿不下的夏装和袜子、裁缝店的零布头均可利用。泡沫板在住宅小区的废物堆里经常可以发现（丢弃的家用电器的内包装保护泡沫板），在文化用品商店、装饰店也可买到。布嵌画的主要制作工具有铅笔、圆珠笔、蓝印纸、铅画纸、白乳胶、镊子、美工刀、剪刀等。

（三）材料的利用

制作布嵌画时，首先要对布的选材、分类、性能有所了解，掌握其性能及表现形式。

1. 棉布类：棉布的种类多种多样，有薄的、厚的、手织的、针织的。像针织类的棉布，比较有弹性，通常用作大面积的背景制作，如海洋、蓝天、白云、绿色大地、森林等（针织类和棉布的来源通常是人们夏天穿的汗衫、T恤）。

2. 化纤类：化纤类的面料通常比较滑，不适合做大块面的运用，只能是小块运用，但化纤类的丝绒布，特别是用旧的蓝色丝绒布有着特殊的肌理，用作夜色的背影能起到出奇的艺术效果。

3. 真丝类：真丝类面料多滑润而细腻，有一定的光泽，可用来做一些如昆虫、鸟、金鱼的翅膀、花瓣、衣裙花边、蝴蝶结等，能够表现其质感。

4. 毛线：在做一些装饰画时，常常有用线表现的地方，而泡沫板是由颗粒组成呈板状的材料，如太细的线在粗犷的泡沫表面上表现特定对象就有一定的困难，而粗毛线的运用既能达到表现的效果，又能降低制作的难度。

（四）加工处理

1. 消毒：所有搜集而来的布料、泡沫，因大多数为旧材料，所以必须用稀释过的"84消毒液"喷洒一遍，以保持卫生，待自然风干后方可用于制作。

2. 裁剪：把不同种类的布料按质地、肌理、纹样、色彩分好类，并且按设计制作的图形所需大致的面积裁剪下来，一般来讲，布四周尺寸要比实际图形大出2~3cm。而化纤、丝织类面料须用烟头或热源烫一遍四周，使之凝结以防溜丝。

（五）制作过程

布嵌画是装饰画的一种表现形式，它可分为具象画和抽象画，一般以人物、风景、动物、建筑及综合体裁为主，其形式大多通过大小不等的色彩块面组合呈现它的艺术魅力。

构思设计：首先，确立主题。布嵌画的选题十分重要，在教学中，组织幼儿阅览读物收集资料，从中获取新的知识和创造灵感，这样一来，幼儿的视野开阔了，主题选择也由单一性转向广泛性，从而可以创作出许多不同体裁的优秀作品。其次，构图。布嵌画在构图上要求新颖、独特和简练，具有强烈的视觉冲击力和感召力。而往往在实践过程中，幼儿构图多会出现以下弊端：主题不突出，画面凌乱、呆板、缺乏节奏感，不知怎样分割画面。在实践过程中，应该根据幼儿的年龄差异有选择性地收集。一些资料可让幼儿有目的地寻找一些资料。例如，低年龄的幼儿，先让他们寻找一些动物与植物组合的简单纹样，进行构图（对称式构图、均衡式构图），这样容易设计制作，易激发他们的兴趣，使他们领略成功的喜悦。最后，在草稿纸上反复设计图样，物象造型多以简洁、夸张、概括的线条为主，不拘小节。另外，还要考虑形式是通过色彩传达的，一幅好的图案作品，必须造型与色彩相协调，才能很好地烘托主题，设计更应注意色相、明度、纯度之间的变化，避免画面色调类同、色彩单一。

第四章　幼儿教育与泥艺手工

学前教育作为基础教育的重要组成部分，对人的成长成才有深远影响。高等师范院校作为学前教育专业人才培养的摇篮，为基础教育、学前教育提供高素质、高水平的幼教工作者。但目前该专业的泥艺手工教学存在忽略幼儿知识结构和背景，过分强调技能学习，把它仅作为单一手工技能课；幼儿培养定位不明确，职业特征没有体现；教学评价不客观，教师主观判断过多；对泥艺手工教学没有给予应有的关注度，忽视它在学前教育和美术素养教育方面的重要影响等问题。

第一节　泥艺手工概述

爱游戏是幼儿的天性，而如何以寓学于乐的方式来实现对幼儿智力的开发与能力素质的培养则成为当前幼儿教育所关注的焦点。在幼儿艺术教育兴起与发展的过程中，泥艺手工得到幼儿教育领域的重视，借助泥艺手工的开展，能够促使幼儿在动手与动脑的过程中，感受创造的快乐，开发幼儿的智力，进而实现对幼儿动手能力以及创新思维能力等的培养。

一、泥艺手工的理论概述

（一）泥艺手工的概念

我国美学家张念芸在书中提道："泥艺手工是最常见的幼儿立体造型活动，它运用双手的操作和简单工具将泥塑造成立体的形象。在锻炼幼儿的手指肌肉动作的灵活性，发展幼儿手眼协调能力，培养幼儿的空间知觉和立体造型方面有很好的作用。"朱家雄认为："泥艺手工是指儿童以彩泥、橡皮泥、面团、泥等为材料，用双手及简单的泥工工具塑造出半立体或半立体形象的一种手工活动。"

（二）泥艺手工的作用

泥艺手工在幼儿园教学中作用重大，其主要体现在以下几个方面：

1. 泥艺手工是儿童的一百种语言之一

泥艺手工是儿童抒发情感、表达意愿的众多方式之一，是儿童探知世界的方式之一，是儿童身心健康成长的途径之一。"美术具有一种语言功能，在儿童发展和成长的过程中，美术是比语言文字更早被儿童用来表达思想、宣泄情绪、想象和创造自己的世界的一种有效途径。"儿童的语言是诗意的、是艺术的，艺术的表达方式（绘画、唱歌、跳舞等）都是幼儿最主要的表达方式，泥艺手工作为视觉造型艺术的一种，同样在儿童的世界中占有重要的部分。

2. 泥艺手工有利于促进幼儿空间知觉能力的发展

学前阶段的幼儿受心理发展水平的限制，幼儿思维发展的特点较着重于具体性、形象性的物体，因此，幼儿在知觉三维物质材料时易于知觉概括性强的、平面二维的东西。泥艺手工使用的三维立体材料，对幼儿身心发展所起的作用是绘画等二维平面材料所无法代替的。三维材料的使用，使幼儿不必把三维立体的东西再转化到二维的平面上，省去了中间的思维转化过程，从而使幼儿脱离了二维平面的束缚。直接接触三维立体材料，能让幼儿感知事物体积的存在，事物所占的空间以及立体性，感受事物空间上的变化，从而促进了幼儿早期立体造型能力及空间知觉能力的发展。

3. 泥艺手工有利于促进幼儿想象力的发展

在使用三维立体材料时，幼儿会在空间的变化上考虑物体的造型。例如给幼儿一个立方体，让他用三维材料仿照制作，那么即使幼儿不了解立方体的空间结构关系，但根据他的想象力，使用三维材料也会促使幼儿感知到立方体的立体状态，从而做出相似的立方体；但在同样条件下，让幼儿在纸上画出这个立方体，幼儿用一个四边形来代替也不是不可能的。通过立体造型，使用三维材料所训练的空间想象力要比通过平面造型训练的效果好得多。可见，三维材料的使用对于幼儿想象力的发展有着重要的作用。

二、幼儿泥艺手工能力发展阶段的研究

张念芸认为，幼儿最初拿到泥时，只会无目的地拍、抓、揉，随着年龄的增长，幼儿的知觉越来越敏感，能觉察到物体的更多方面，并注意到物体的细节，手的动作也越来越精细。

孔起英教授将幼儿手工创作的发展明确分为三个阶段：无目的的活动

期（2~4岁）、基本形状期（4~5岁）、样式化期（5~7岁），并认为4~5岁的儿童的泥艺手工逐渐呈现出有意图的尝试。

我国台湾学者徐德成将幼儿泥艺手工划分为三个阶段：探索时期（2~4岁）、直觉式的创作时期（4~6岁）、情感与理性的交融时期（6~9岁）。并分别总结了这三个不同阶段泥艺手工的主要特征。其中在直觉式的创作时期，儿童的作品已表现出基本的组织性，造型为半抽象，作品以平面、重点式的呈现为主。作品特点主要表现为：

平面式的作品。4~6岁的儿童已发展出个人的组织能力，当要表现心中的造型时，能很快地运用直觉创作，但还未能注意作品三维立体空间或站立的问题。因此，中班幼儿的作品大多以平面而非站立的方式呈现。

蝌蚪人。从小班到中班，儿童由于视觉的分化及情感关系，所画的人大多为没有身体的头足人，同时以非站立的平躺形式呈现。

不合理的造型常出自这一年龄层的儿童之手，创作的呈现常按照内容的重要性及习惯性而有所不同，会产生不合理的制作品格。例如，儿童认为轮胎是圆的，就直觉地用圆球来代替车子的轮胎，却没有注意到汽车的轮胎是扁圆的。

朱家雄在学者孔起英和徐德成研究的基础上，从幼儿心理发展的角度对幼儿手工活动做了年龄阶段的划分：玩耍阶段（2~4岁）、直觉表现阶段（4~5岁）、灵活表现阶段（5~7岁）。直觉表现阶段，幼儿能运用团、搓、压、捏等技能塑造出物体的基本部分和主要特征，会使用一些简单的辅助材料。但是，他们的作品往往会出现一些不合理的、夸张的表现。例如，为了让车子能站稳，便把四个轮胎做得很大。到了灵活表现阶段幼儿随着手部动作和手眼协调能力的发展，他们希望能够创作出较复杂的物体形象，并将这些物体组合出一定情节。

通过对以上几位学者理论观点的整理与分析发现，几位学者对幼儿泥艺手工方面的研究有一定的差异，包括从阶段划分到语言表述上，都有不同之处。但是，他们对学前儿童每个阶段特点的观点，大体是一致的。即学前儿童泥艺手工发展的基本情况是：从开始的只重过程不重结果，无目的的、纯粹的玩耍活动，到儿童手部肌肉开始细化，有一定的组织能力和意图，并开始重视过程和结果的联系，再到手眼更加协调，更加注重细节。大班幼儿随着手部肌肉的发展，动作越来越精细；随着视觉的发展，他们制作的物体中逐渐会出现站立的造型；随着大班幼儿智力的发展，他们对事物有了更多的观察和思考，因此他们的泥艺手工作品会表现得更加细腻，细节处理得会更好。

三、幼儿泥艺手工作品内容和形式特点的研究

张念芸认为，幼儿最初只是把泥当玩具来玩，很少考虑做出什么东西。随着幼儿感知能力的发展，幼儿才渐渐开始想做一些东西，如搓成面条、团成球、压成饼干，但这时物体形象还是非常简单、粗糙的。随着年龄的增长，幼儿的知觉越来越敏感，幼儿塑造出的物体也开始丰富、复杂起来。幼儿到了四五岁时已经能塑造小动物，还能塑造两个形象以上的简单情节。

楼必生和屠美如认为小班的幼儿最初塑造的立体造型是球形，随着幼

儿手部力量和灵活性的发展，逐渐开始塑造圆柱体、立方体等；到了中班前期，幼儿已经掌握了基本形体的创作方法，可以创作一些具有各个基本形体特征的综合体，如各种小动物；中班后期的幼儿在熟悉创作综合体造型的基础上，开始尝试有机体的创作；到了大班，幼儿的思维水平、手部力量和灵活性都得到了很大的发展，他们已不再满足于创作单个特定的形体，已经有足够的能力在头脑中描绘一个大场景，并通过小组合作的形式创作一个大的主题了，如动物之家等。

我国台湾学者徐德成认为2~4岁儿童的泥塑作品无一定的形状；到了4~6岁，儿童的作品已表现出基本的组织性，造型为半抽象，作品以平面、重点式的呈现为主，同时，作品造型表现不合理；而6~9岁儿童的作品除了感性内容的呈现外，还出现了理性思考，其特点表现如下：强调造型的站立，从单一造型发展到具有故事性的空间性、装饰性及细节质感的表现。

从上述几位学者的观点中可以看出，几位学者对研究对象的年龄阶段划分有所不同，因此，得出的结论也有所差异。例如，有些学者认为幼儿最初玩泥是无目的的，做不出什么成形的物体，随着感知能力的发展才能逐渐做出简单的、具体形象的物体；有些学者认为小班初期幼儿还不能有目的地进行创作，到了小班后期才能创作出圆球；有些学者认为，小班幼儿能创作出球形，随着儿童各方面能力的发展，能创作出立方体、圆柱体等。尽管如此，我们还是可以看出幼儿泥工作品形式特点和内容的发展情况。从形式特点看：从小班最初的无特定形态到小班后期的初具形体，再到中班半抽象的"浮雕作品"，最后到大班的"圆雕作品"。从内容特点看：从小班的无特定表现内容，到中班的独立形体，再到大班的出现一定场景。

四、幼儿泥艺手工创作过程的研究

经过对所查阅资料的梳理发现，关于幼儿泥工创作过程的研究文献目前还没有，不过我们可以借鉴孔起英和于开莲对于手工活动过程的研究。因为泥工也是手工的一种。国内学者孔起英在前人研究的基础上将学前儿童手工活动的心理过程描述为：

（一）意图阶段

孩子早期手工创作的意图多为自发型，活动起始于对工具材料的操作与摆弄，手工创作就是在玩耍，创作意图不明确，而且具有不稳定性。

（二）构思与设计阶段

学前儿童受其思维方式的制约，其手工创作是将构思与设计两者甚至是构思、设计、创作三者融为一体的，充分体现了幼儿思维的整体性和混沌性的特点。而随着年龄的增大、理解的深入，他们能够事先在头脑中对所要创作的事物进行构思与计划。

（三）创作与装饰阶段

于开莲认为，手工创作活动的一般过程应包括四个阶段：明确任务、目的阶段；计划、构思阶段；实施和执行阶段；欣赏、展示和评价作品阶段。而大班幼儿手工创作活动的特点表现为：①幼儿对材料的探究和加工改造存在功能固着化。②幼儿解决问题常带有试误性。③幼儿对作品的表征以基本结构为主，对其中的功能性探索不足。④模型影响幼儿创作过程中的创造性表征。

第二节　泥塑

现代社会对幼师教育的关注是非常有限的，对于幼师泥塑教学的关注更是少之又少。长期以来，泥塑教学一直就是单一的泥工技术表现课，教学内容缺乏和当地文化资源的联系；过分强调幼儿的美术专业基础与泥塑制作的结果；教学目标不明确，教学组织不严谨，呈现一种放任自流的状态；从某种程度上忽略了在基础教育中占有重要地位的幼儿泥塑课程。随着社会对幼儿教师要求的提高，幼儿泥塑教学也应成为幼师美术课堂的重要组成部分，这将直接影响到未来幼儿教师的美术教学和幼儿美术能力的发展。

一、泥塑艺术的理论研究

（一）泥塑艺术的概念

泥塑，即用黏土塑造成型的一种手工艺，在我国又称"泥玩""彩塑"，是一种古老常见的手工艺术，以简单原始的材料——泥土为料，或塑或彩，以人物、动物、器皿为主要对象，用双手塑造出丰富多彩的艺术形象，体现了人类对生命的敬畏和对美好生活的向往。从乡间儿童的泥哨到佛寺道观的"神像"以及宫廷官商的案头陈设，都为我们呈现出一个丰富绚丽的世界。

从历史发展来看，泥塑可以算是人类最早的造型方式之一，其重点在"塑"，塑为加法，指通过创作者的手或工具刀，将泥土堆砌叠加塑造出一个完整的形体，它甚至要早于陶艺。泥塑的制作方法与陶艺相似，但常被人们混淆。泥塑更侧重于动手制作过程，利用泥巴柔软可塑的特性进行加工，体会手工捏制的"泥味"。同时，作品只需阴干即可上色，更多地保留泥土原本的颜色。而陶艺更侧重于烧制完成后的作品，因此烧制窑变是陶艺中的重点，许多釉色、肌理的变化都需要火来配合。泥塑艺术以其作品的生动活现、造型多变、质朴大方受到人们的喜爱，陶瓷艺术则是通过它的釉色层次、烧窑技术体现价值。

（二）泥塑与儿童美术的内在联系

教育可以分为两类，文化教育和自然教育。文化教育固然是教师、家长言传身教的事理言行；自然教育则是通过人与自然、外界的接触，在此过程中所获得的经验、结果。泥塑艺术正好是文化与自然的结合体，它是人类智慧和劳动的结晶。泥塑艺术造型质朴简洁、美观大方，手工制作韵味浓厚；儿童艺术生动活泼、感染力强，两者有异曲同工之妙，它们都是对人内心愿望的表达。处于3~6岁学龄前时期的幼儿，对事物有了一定的认知能力，形成个人的审美爱好，同时又渴望表达自己的想法。如果把儿童美术作品和泥塑作品进行比较，无论从作品的题材内容、表达方式、创作手法，还是从作品内在语言和艺术思维来看，都有着极高的相似度。它们都是作者想法的直接体现，没有经过太多的修饰，色彩活泼明快，与作品的形体完美契合。泥塑艺术从始至终都将原始社会中那些生活化、平民化的精神保存得很好，将人类的精神想法通过具体的手工制作转化为直观的形象，并通过泥塑艺术独有的审美情趣、造型特征、艺术语言及色彩，体现出它区别于其他任一艺术形式的表现力。

幼儿本身就具有爱玩泥巴的天性，当他们对用泥巴制作出的玩具、动物、人偶产生了好奇心，对泥塑艺术产生了兴趣时，就会积极主动地进行尝试。它对幼儿的视觉、触觉、动手能力的发展具有促进作用，同时也锻炼了肌肉协调能力。此时的作品，更值得关注的是幼儿内心的表达，他们需求的满足程度，他们的作品虽然在技法或处理方式上很笨拙，但也不失为一件好作品。在此过程中，教师应引导幼儿认识美、模仿美，形成积极向上的审美价值观。

二、幼儿泥塑课程教学模式的实施

（一）幼儿泥塑课程的教学目标

专业院校中的泥塑学习，目标在于培养并强化幼儿的造型能力，使幼儿具备"写实功力"。如在捏制人像时，既要保证面部五官结构的准确性，又要考虑到五官之间的关系、五官与头顶发际线的关系等。在无形中强化了幼儿对立体空间的感受和把握能力。在泥塑训练的同时，对幼儿的空间意识、造型能力有很大的提高，因此在许多专业院校和高等院校美术专业中，将它作为幼儿基础训练的重要方式。

高师院校的泥塑教学在借鉴、保留专业院校基础训练内容的基础上，应进行提炼、简化。除了注重培养空间造型能力外，还可加强动手能力和想象力。毕竟专业要求不同，创作对象的准确性、合理性可以适当放宽。让幼儿在保持创作热情的同时，积极发挥想象力，创作出富有生活情趣的作品。

第一，了解泥塑，熟悉泥性，激发幼儿学习兴趣。学前教育专业泥塑教学的目标之一，即让幼儿了解泥塑，喜欢这一艺术形式，培养幼儿的兴趣。生活中泥土随处可见，但泥塑用的泥土有什么不同呢？泥土有红色、灰色、黄色、白色等，不同颜色的泥巴有的质地柔软，不易成型；有的晾干后极易开裂。幼儿如果不了解这些泥土的特性，在创作过程屡次碰壁，自信心受挫，便无法激发他们的学习兴趣。因此，教师应先让幼儿了解泥的形成、特性，什么类型的作品适合用什么泥土制作，不同的材料掺入泥土中，它们的成型又会有什么不同。然后再传授技巧，设定创作主题，分组进行制作。幼儿只有掌握了泥的特性和制作方法，才能对该门课程产生学习兴趣。

第二，充分配合幼儿基础，把握艺术特色。在教材的实施建议方面，美术新课标提出了"应考虑不同地区幼儿基础、地方资源和文化特色，尽可能运用自然环境资源以及校园和社会生活中的资源进行美术教学"的要求。泥塑教学实施起来，如果没有良好的组织和方法，会使幼儿觉得课堂不严谨，积极性受到打击，教学质量也会随之下降。课堂上，幼儿动手制作泥塑过程中，教室环境会受到影响，桌椅、地面甚至幼儿的衣服、鞋子都会粘到泥巴，打扫起来很不方便。如果要求幼儿在自己的座位上小心制作，环境是干净了，但是幼儿的创作天性没有放开，束手束脚完成的作品也都是拘谨呆板、没有生命力的。因此，教师可以先在室内进行知识讲解和示范，再带幼儿到户外环境中，与大自然接触，利用周围的各种材料，尽情发挥幼儿的想象力。幼儿们摆脱了常规课堂带来的束缚感，在自由的空间里，极大地提高了想象力和创造力，创作热情也就更高，完成的作品才会更加活泼生动。

第三，突出职业特征。因为专业的特殊性，幼儿教师毕业以后在幼儿园带领幼儿进行美术活动时，主要以游戏、玩具作为引导方式，这就要求幼儿教师要思维活跃，充满童心和想象力，而不是千篇一律的模仿者。但此类创作和个性不等于艺术家的创作。幼儿教师就业以后面对的是幼儿，教师的行为、作品要能引起儿童的共鸣。需要在童真、趣味方面进行夸张，而不是像艺术家一样只重视个人的表达。

第四，培养幼儿的空间意识。整个泥塑创作，从构思到完成都需要空间意识，双手通过揉、捏、挤、压、塑、挖、刮等方法进行立体造型。由于一直受平面造型、二维绘画的影响，幼儿的三维空间意识很薄弱，初次接触到泥巴后，只是在手上揉来揉去，或者直接按压成扁平状，不知道如何成型，也不知道什么是"成型"。此时教师就要及时进行引导，通过对教室内的桌椅、讲台、水杯等物体外形的模仿来培养幼儿的立体感，形成空间意识，才能使幼儿在以后的学习中有所突破。当看到用挤压、揉捏所创作出来的人物动作时，幼儿感到很惊奇，会迫不及待地想要尝试。

（二）幼儿泥塑课程的教学内容

"缺乏基本的艺术知识和技能的教育决不能称为真正的教育"。教学内容是完成教学任务，达到培养目标所必需的，它影响着教学质量和培养质量。学前教育专业泥塑课程要求理论与实践紧密结合，既有理论知识又具有专业技能；艺术欣赏能力与自主创作能力融会贯通，培养正确的审美情趣，独立创作，思维活跃。该课程内容大致可以分为两大部分：

第一部分是学习泥塑艺术的历史。泥塑作品和泥塑艺术不单单是一种美的形式，更是表达文化、交流情感的窗口。美术学习也绝不仅是一种技能技巧训练，而是一种思想的表达形式，和文章、传媒一样，以它独特的方式在审美、文化、教育等方面充当着传播者和传承者的角色。这一特性使它具有了审美教育、文化传播的任务。通过相关美术课程的学习，幼儿能够"共享人类社会的文化资源，积极地参与文化的传承，并对文化的发展做出自己的贡献"，"使幼儿认识人的情感、态度、价值观的差异性，人类社会的丰富性。并在一种广泛的文化情境中，认识美术的特征、美术表现的多样性以及美术对社会生活的独特贡献。同时，培养幼儿对祖国优秀美术传统的热爱，对世界多元文化的宽容和尊重。"将优秀的民间泥塑艺术引入学前教育，不论是对学院教育还是民间艺术来说，都是在将美的价值体现出来。每一种文化的传播和传递中必然包括当地民族的美术文化。这是因为美术"总是同一定的社会、民族、地理、历史、文化等相适应，作为具有人文性质的学校美术教育无疑应该体现和遵循美术的这一基本规律。使之能适应不同地域、不同民族、不同文化的需要。"

我国泥塑艺术历史悠久、作品繁多、流传地区广泛、题材种类多样，民间艺术家们在泥塑创作的过程中积极探索，积累了丰富的经验，并形成了具有民间艺术特征和地域特点的流派，如天津泥人张、陕西的凤翔彩塑、长沙铜官窑等。

长沙往北约30公里——望城县铜官镇——湖南重要的制陶基地。从初唐建窑以来，就以其旺盛的生命力不断发展扩大。到了天宝年间，已成为南方窑厂的佼佼者，其作品既兼具唐代六大著名瓷窑之一的岳州窑风格，更具自己的地方特色，远销国外市场。铜官窑的装饰艺术手法独特，在作品上大量使用诗词歌赋、书法花鸟、谚语童谣，既有艺术气息又贴近百姓生活，增加了作品的文化内涵，丰富了艺术表达内容。尤其是以诗词、谚语作为泥塑作品的装饰内容，开创了诗词装饰的先河。已经出土的铜官窑作品中，很大一部分都是以诗歌、谚语作为装饰的，说明此装饰手法在当时社会很流行。进入铜官镇后，家家户户都会制泥、创作。每户门前都堆放了大量未经加工的原始泥。说到泥塑，手工艺人们是滔滔不绝。他们并未接受过专业训练，没有机会外出考察学习，但他们的手艺祖祖辈辈代代相传，经过无数次的实践操作，早已深深印在脑中。应让幼儿们在课堂中从大框架上学习的泥塑的发展，再深入身边的泥塑艺术基地去学习，不断充实知识，将这一艺术形式传承下去。

　　充分利用当地社会文化资源开展泥塑教学。组织幼儿到当地的博物馆、艺术收藏中心、窑厂参观，近距离接触泥塑作品，对民间泥塑进行观察和模仿，收集自己喜爱的泥塑作品进行临摹、创作。在此过程中，幼儿可以与匠人讨教学习，匠人们的许多方法是在实践中摸索出来的，也是最有效、最直接的。引导幼儿在制作过程中关注作品产生的过程，关注生活中被忽视的美术活动，在实践中更直观地体会和领悟当地民间泥塑作品的艺术价值，深入了解泥塑立体造型的特点。另外，结合幼儿的学习生活经验开展泥塑教学。以生活中显而易见的人物、场景为主，进行创作。

　　第二部分是掌握泥塑基本技法，能独立进行泥塑创作。在创作实践中又应当包括两个学习内容：一是以泥土为材料，能在幼儿园中开展的幼儿泥塑活动教学的学习，适用于幼儿园幼儿美术活动范围，帮助幼儿在幼儿园环境中进行泥塑活动，寓教于乐；二是内容是用彩泥、软陶、纸黏土等其他材料进行的泥塑创作教学学习，适用于儿童的泥塑教学活动和游戏创作，幼儿熟悉了泥材料的特性以后，根据不同的创作主题选择合适的材料进行教学、创作。因此在教学安排上必须合理安排内容，有的放矢，根据日后的教学对象，组织好课堂教学，使幼儿获得立竿见影的学习效果。

过去的美术课程往往被当成辅助课程得不到重视，随着素质教育的深入，美术教育的积极作用日渐明显，关注人自身就不得不关注美术教育，这与教育的最终目标——促进幼儿全面健康的发展是一致的。因此，在学前教育专业泥塑课程的教学实践中，美术教师要"给幼儿一些权利，让他自己去选择；给幼儿一个条件，让他自己去锻炼；给幼儿一个问题，让他自己去找答案；给幼儿一点困难，让他自己去解决；给幼儿一片空间，让他自己向前走"。比如在泥材料的特性熟悉时，鼓励幼儿自己去摸索，自己通过双手去感受。这样得来的体会比教师说上一百遍都要生动。幼儿感觉到老师在尊重自己，重视自己的感受，易在课堂中形成良好的互动氛围。教师要坚持"以生为本"的教学理念，不断地去挖掘幼儿的想象力、创造力。幼儿的想象力是无穷的，那么幼儿教师在带领他们进行创作时就不能呆板拘谨。如果幼儿制作的作品都是模仿而来的，没有自己的想象力，那又怎么可能激发儿童的想象天性呢？

泥塑基本知识内容包括泥塑艺术的起源、发展、艺术特点及表现手法、材料工具的运用、泥塑基本制作技法和装饰手法等。泥塑艺术跨越了上千年，从原始社会到现代文明，它以简单的泥土为原料，用双手创造出一个个丰富生动的艺术形象，展现出一个丰富多彩的世界。泥塑主要靠双手捏制成型，但也需要利用一些辅助工具以延伸手指的作用，来丰富作品的表现力，完成手所做不到的一些细节处理，如泥塑刀、刮刀、砖刀等。泥塑工具虽然在美术用品店也能购买，但一般的工具都是由艺术家自己制作。泥塑刀原材料一般是黄杨木、花梨木等密度较大、质地坚硬的木材，或者是新砍下的竹子。用角磨机将木片切割出大形以后再用砂纸进行打磨。泥塑刀一头为圆弧状，略上翘，一头缠绕着铁丝，制作时方便刮泥。手工制作的泥塑刀根据制作者的个人特点定制，符合使用习惯，一把刀可以用很多年，与手的配合也非常默契，所以泥塑刀又称为第三只手，泥塑创作者对泥塑刀的爱护可以说是放在手心的宝贝。作为学前教育专业的幼儿，不需要自己制作泥塑刀，可以买回来以后再进行加工。但每种刀的用法、制作方法还是需要了解的。

说到泥塑制作的基本技法，现如今我们使用的方法与传统泥塑的制作手法基本一致，主要包括揉、捏、搓、接、切、压、刻、刮和戳等环节，基本都是将泥巴一点点往上堆积，也是对泥塑中"塑"一字最形象的解释。学前教育泥塑课程中所常用的泥塑制作技法主要分为泥块成型和捏塑成型。传统泥塑在大批量制作或民间窑厂作坊中也常采用模具成型的方法。

第一种捏塑成型，即手工将泥团直接捏制成型。在泥塑制作技法中，捏塑成型是最基本最古老的制作方法。它完全依赖于创作者灵巧的双手与脑海中的设计对象。在雕塑创作中也常用到此种方法，由雕塑家用泥巴捏制出创作对象的小稿，再等比例放大翻模制作。徒手捏制可以快捷直观地将创作者的思路表达出来，看似无意的动作形态往往会带来一些意想不到的效果，激发艺术家的创作欲望。它是最原始、最简单的玩泥方法，在课堂教学的初始阶段可以通过徒手捏制让幼儿了解、熟悉不同泥料的特性，直观感受泥在手中的变化，产生学习兴趣，为进一步学习其他制作方法打下基础。课堂实施时需要教师注意的是，因为手有温度，长时间揉捏使得泥巴的水分蒸发，减少可塑性，制作的作品也容易产生裂纹，所以要提醒幼儿控制每件作品的制作时间。这样幼儿在制作中为了更快地完成作品，许多不必要的细节会忽略过去，最大限度保持作品的整体感，这也是为什么制作时间短的作品往往看起来更生动的原因。

第二种是泥块成型。这种把泥料揉熟以后，再以泥塑刀、砖刀、铁丝等工具切割为圆或方形，直接堆积塑造的方法，在制作较大作品时使用较多。它主要运用在大型创作中，若仅以手捏制，费时费力，不能在短时间内完成初稿，创作激情最强烈的时候，势必会影响到之后的深入塑造。同时，因其在创作时会因力度不匀、使用工具、包裹的材料等而留下各种痕迹，这些不刻意为之的痕迹在泥塑作品中却起到画龙点睛的作用，称之为"泥味"。这就是手工创作和机器批量制作的不同之处，"泥味"也是作品中最能打动人的一部分，好比一池荷花，显得清雅悦目，若再有几尾锦鲤游弋其中，则更添活泼明快。和直接捏制不同，作品由整块泥巴制作，体量厚实，给人以踏实沉稳之感。

这两种是最基本的泥塑制作方法，在作品的完成过程中常常需要几种技法的结合，甚至还有其他材料的结合。这就需要教师在教学过程中根据幼儿的掌握情况来调整。进行基本技法的学习目的在于掌握后，在创作过程中用于强化发散思维。就幼儿而言，技能训练是简单的重复动作，但创作与自己的想象力是分不开的，因此教师应在制作中树立空间意识、造型意识，形成美术思维思考的习惯，才能在日后的美术教育工作中将创作力发挥出来。

（三）幼儿泥塑课程的教学模式

1. 启发引导式教学

20世纪60年代，美国教育家、心理学家罗杰斯提出了以人本为的"非指导性教学模式"，开创了一种新的教育方式。"非指导"是指导的另一种特殊方式，不同于传统意义上的"指导"。它强调指导的间接性、非命令性，以诱发性带领幼儿学习思考，以区别于传统教学中教师采用的直接告诉、命令、指示等指导方式，幼儿被动接受的情况。非指导教学的作用对象是幼儿，鼓励幼儿自发地主动学习，没有固定的组织方式。同时，它强调了情感表现等在传统指导教学中容易被教师忽略的问题，为美术教育、泥塑课程的改革提供了新的思路和方向。

目前基础教育领域正在进行非指导性教学的探讨与研究，这正是对泥塑课程反思与改进的良好时机。学前教育专业泥塑课程本身定位于专业技能技巧基础课程，旨在发展幼儿的智慧、激发幼儿的潜能。这些目标只靠常规的教学指导是难以实现的，更会禁锢幼儿的思维，将本该充满活力的泥塑课堂变为枯燥的知识学习。在此进行一下假设，如果教师根据自己的思维定式、教学经验将课堂教学过程完全设计好，按部就班，细致而全面地将教学划为一、二、三步，那么，幼儿除了被动接受之外，毫无自主性可言。教师忽略了幼儿的心理诉求。他们对什么感兴趣，他们想学到什么，他们会不会喜欢这门课程，能不能进行创新教学。

2. 创造性教学

在开展创造性教学前，首先要对其概念进行界定，明白什么是创造性教学，才能开展它：美术教师将教育学、心理学和美术理论、当代艺术理念进行结合，在现有的教学经验上，运用合适的教学方法，向幼儿传递基础知识和基本技能时，重点开发幼儿的创造潜能，培养创新意识，提高创作能力，培育幼儿的创造性人格。它既有传统美术教学模式的"教"，又重视了幼儿的"学"。泥塑教学中，教师既把握学前教育中幼儿心理、生理的特征，使内容符合幼儿发展；又积极宣传当今主流艺术思想，使幼儿既有专业技巧又有艺术创作能力。在关注泥塑创作学习的结果的同时，也对学习的过程进行了解，关心幼儿的情感体验、心理需求，从而使幼儿的主体地位得到肯定，自我学习意识和创造力得到提高。

创造性教学首先要建立一个具有创造性、能够启发幼儿的课堂环境。环境对人的影响毋庸置疑，在活泼的教学环境中，幼儿身心愉悦，对知识的渴望更强烈，思维活跃度更高。泥塑课需要幼儿动手实践，幼儿可以不拘束于坐在座位上，可坐可站，保证自己最舒服的创作状态即可。很多艺术家在创作过程中常常是泡在工作室中不眠不休，为了寻找灵感整个人都在放空状态。虽然学前教育专业的幼儿教师不需要为了泥塑作品如此，但在创作过程中身体的放松会带来更好的思考效果。

其次，在创造性课堂教学中教师要意识到提问题带来的积极效果。哈佛大学有一句名言："The real purpose of education is to make people ask questions"（教育的真正目的就是让人不断提出问题）。只有不断提出问题，幼儿才能保持探寻的好奇心，一直研究下去。循环往复，用问题来促进幼儿的创造性学习。比如在课堂上，我将汉族日常生活用品和藏族用品摆放在一起，让幼儿从造型、色彩、装饰纹样等方面进行比较，让幼儿重新审视他们日常容易忽略的细节。当他们对造型的不同感到好奇时，自然而然地引入教学主题——器皿的造型和装饰纹样。这些纹样在脑海中的印象加深，会不自觉地运用到创作中去。

创造性教学中还可以利用多种教学手段和方法，结合现代教学设备，融合泥塑课及相关的教学资源，开阔幼儿眼界。将美术学科内的各项艺术形式或表现手法进行整合，如美术鉴赏与装饰技法、工艺品与泥塑、雕塑与建筑等。在教学中，教师根据教学内容和幼儿的知识结构，把不同种类的艺术知识融汇在一起，形成一个有机知识体，将泥塑与其他艺术联系起来，而不是单独地、零碎地学习。在欣赏敦煌莫高窟佛像作品时，可以将佛教的发展、传播与统治阶级的关系串联起来进行扩展。有了知识背景的支撑，幼儿在对作品的理解力、感悟力上会有更深层次的体会，完全可以借鉴到自己的创作中去。

除了与美术学科内的艺术形式进行串联，还可以与其他学科综合。比如泥塑艺术与文学故事的结合，清代有名的民间泥塑艺术流派"泥人张"第一代艺术家张明山，常取材于民间小说或故事，如《三国》《红楼梦》《水浒》等，其代表作就有"关羽秉烛读春秋""惜春作画""蒋门神"等，造型小巧生动，人物个性鲜明，既有"塑"，又有"绘"，二者结合不但展现了生活气息，接近日常感情，而且是中国文学艺术的另一种表达形式。幼儿们可以相似地从周边人物着手，先创作自己熟悉的题材，或者儿童故事中的某一个角色，再进行独立创作。幼儿在为作品造型、形式美进行创作的同时，也体验到了文学中的形式美，提升了文化素养。

三、泥塑对幼儿身心发展的作用

泥对孩子来说，有着一种天然的亲和力，喜欢玩泥是他们的天性，很少有孩子不乐在其中，泥是深受幼儿欢迎的手工材料之一。同时，泥塑是个体自我认知与创造性的表现途径，它是以黏土为主要原料，用手和一些简单的工具捏塑各种物体、动物、人物形象等。它有着较大的可塑性，幼儿喜欢捏捏、搓搓、拼拼，可以说，泥塑是他们的第二种语言。在幼儿教学活动中尤其体现出泥塑活动是幼儿艺术活动中形象逼真、容易操作的活动之一，并且幼儿正处于快速生长阶段，他们的小肌肉发展不是很灵活，创作意识也不是很强，但对可塑性强、变化多的泥塑材料却十分感兴趣。更重要的是，玩泥能带给孩子们快乐，他们在玩耍过程中不仅能手脑并用，使视觉、触觉和动觉之间配合协调，更能启发孩子的想象思维，激发他们的创造力、思维力和语言表达能力。

（一）泥塑活动能发展幼儿观察力，培养孩子的审美能力

从小培养孩子观察的能力，犹如给予他们一把打开知识大门的金钥匙，让他们走进知识的殿堂，这种能力是极其宝贵的，对幼儿的终身学习会有很大的益处。在泥塑活动中，观察是幼儿创作的基础，他们在活动中所能表现的是自己的所见所闻以及对生活的感受，而相对于那些自己不了解、不感

兴趣的事物，就难以操作了。因此在泥塑活动中，势必要让幼儿在教师的引导下仔细地观察，掌握观察的顺序，学会必要的观察技巧。在泥塑活动中运用较多的是观察比较法，如选择典型的形象让幼儿观察，比较不同物体形象的不同，掌握泥塑的要领。例如，对圆球和圆桶进行观察比较，在比较过程中，掌握圆形和圆柱体，团、搓技巧的差别。在泥塑活动设计中，不要急于让幼儿塑造造型，而是先向幼儿展示不同造型的玩具和图片，让幼儿先看一看、玩一玩，接着在熟悉的基础上引导幼儿进行讨论：比一比、看一看，比较什么地方不一样。由于观察仔细，幼儿自然就捏得顺手。

（二）泥塑活动能发展幼儿动手能力，促进手脑并用

从幼儿动作发展的特点来看，大多数幼儿都是大肌肉发展明显，小肌肉动作不灵活。由幼儿动手操作的泥塑活动，正好弥补了这一缺陷。在泥塑活动中，幼儿动手操作可以充分发展其手指、手掌、手腕和手臂的小肌肉及手部动作的灵活性。科学家证明：手和脑之间有千丝万缕的联系，手指动作越复杂、越精巧，就越能促进脑神经的发展。可以说训练手就是在训练大脑。幼儿园的泥塑活动需要幼儿用双手来进行操作，再者幼儿有较强的动手操作的心理需要，特别喜欢搓搓捏捏，因此，在泥塑活动中，除了要为幼儿提供泥巴材料以外，还应适当准备一些辅助材料，如垫在奶油蛋糕下的镂空雕花底盘、一次性盘子、牙签、吸管等，引导幼儿主动学习泥塑。如在开设《一盘点心》课程时，鼓励幼儿自己制作各种各样的小点心，学习使用各种辅助材料。在制作的过程中，幼儿不光要回忆各种吃过的、见过的点心，还要选择不同的材料来进行制作，从而发展幼儿的小肌肉动作。在泥塑活动中，一开始幼儿手眼动作不协调，加上小肌肉动作的

不精确，很难做出满意的作品。因此，教师应做到由易到难，从简单的圆形、饼干入手，慢慢提高要求，捏出具体形象的物体，促进幼儿手的控制能力以及与眼睛的协调能力的发展，从而达到训练大脑的目的。

（三）泥塑活动能发展幼儿创造能力，培养创新精神

对幼儿来说，表达情感、发挥创造力更为重要。教师可以有意识地引发幼儿的发散性思维，如《基本形塑——我们捏泥巴》的课程上，用一根线条或一些图形，让幼儿说说像什么，启发幼儿的多种回答。如一根泥条，在孩子眼里会变成一条小爬虫、河里的波浪、妈妈的卷发、方便面条等。这种训练，有助于幼儿开拓思路、发挥想象力。用一个图形，让幼儿添上一些东西，变成不同的事物，也是一种发展幼儿创造力的好方法。让幼儿充分发挥想象力，将两种不同形态的物品进行有机组合，成为另一种具有超能量的物体。活动中幼儿的已有经验被充分调动起来，想象出了许多异质同构的组合。如人的身体与老鹰的翅膀组合，可以使人不用坐飞机就能自由地在天空中翱翔。虎头与龙身的组合能上天入地无所不能。人与奔马的组合能让人像马一样快速地奔跑。蝴蝶与青蛙的组合使它既能飞又可以在水里游，等等。这种活动，没有"对"与"错"、"像"与"不像"的局限，从而能使幼儿更大胆地表现，充分发挥想象力、创造力。

（四）泥塑活动能让幼儿体验无穷的乐趣

心理学研究表明："人有一种先天性的行为趋向——趋向积极的情感体验而回避消极的情感体验。幼儿尤其如此，对于能带给他们快乐并让他们获得成功体验的活动，幼儿总是乐此不疲，并能表现出不凡的创造性。"泥塑这种工艺创造活动，对于幼儿来说，更多的是一种游戏，进而

让幼儿体验无穷的乐趣。

四、幼儿心理与泥塑特征的契合点

幼儿园手工泥塑可以很好地锻炼孩子的动手能力，也是孩子们的兴趣所在，因此，泥塑和幼儿心理之间存在某种特殊的关系。

制作泥塑的过程充满趣味性，便于激发幼儿的学习兴趣。对幼儿来讲，知识的获取不应是"模式"化的，应重点培养其思维的自主性，这也是幼儿教育整体追求的方向。幼儿对水土具有天然的亲近感，两者按某种比例调和后将具有良好的可塑性，同时在制作过程中也可以激发和强化个体之间的合作与交流，对于儿童个性与社会性的和谐发展均具有促进作用。在幼儿泥塑课堂上，通过让幼儿自主探究、亲身体验，可以保证制作过程不单调、不乏味，最大限度地提升活动的愉悦度，使幼儿乐在其中，同时乐有所得。幼儿不仅能直观感受到泥塑的造型美，还可以掌握泥塑制作的方法及步骤，从而锻炼幼儿的意志，培养其做事专注、坚持到底的行为习惯，并最终转化为个人的品质。

泥塑的造型形式具有多样性的特征，可以激发儿童创作的欲望。学习泥塑的同时，幼儿可以进行造型游戏，体会泥塑乐趣，增长相关知识。泥塑教学过程应是动态开放的，在一个或多个主题下，幼儿可吸取大量、广泛的外界信息进行自由畅想，并巧妙构思。在制作泥塑时，幼儿的各个身体部位都可以自由活动，并在敲打、揉搓、拉、团等一系列动作中自由展现，这有助于其思维随时处于积极的状态，从而促进幼儿智力与动手能力的发展。

　　动手制作泥塑还可以培养幼儿的生活情趣，满足幼儿的多重需要。"人类与生俱来对大自然、泥沙、水有亲近感，幼儿玩泥和制陶可以充分表达幼儿本身特有的思维、认识和自我表现，是人类原始的个性情感的宣泄和流露。"幼儿生活丰富多彩，在他们对生活充满想象的基础上，幼儿的泥塑创作主要来源于大自然中的一景一物。大自然中的动物、物品、人物等各种贴近生活的题材，都可以成为幼儿创作的灵感来源。这种创作有利于激发孩子关注生活，热爱大自然，体验生活乐趣。同时幼儿好动，好奇心强，其天性可以在泥塑活动中得到释放，他们可以随心所欲地塑造自己内心所想。而对泥塑作品进行展示、评价，又可以激发其好胜心与竞争意识，使其心灵得到多层次的满足。

第三节　橡皮泥

　　发展到今天，橡皮泥的材质和工艺都发生了很大改变，不像以前，不能混色，不能重复使用，而且比较粗糙发硬，现在升级版的橡皮泥被称为"彩泥"。在过去，很多农村儿童都是玩"泥巴"长大的。而作为社会发展的产物，橡皮泥作为现代玩具代替了"泥巴"，随着幼儿园教育的不断发展，橡皮泥也被用作幼儿学习的工具。

一、橡皮泥的概况及作用

陶行知先生在其《创造宣言》中说："处处是创造之地，天天是创造之时，人人是创造之人。"可以说每个人都有创造能力，都希望展示自己的才能，幼儿与生俱来就有艺术创造的潜能，幼儿的创造强调了自身发展的个体价值，反映出强烈的自我表现、自我完善的心理需求。因此，我们必须抓住幼儿这一时期，实施有效的发展策略，就地取材，合理利用各种资源，培养幼儿美术创造力。玩橡皮泥是一种特殊的艺术活动，它具有具体形象性、可操作性、富有变化等特点，这些特点对培养幼儿的美术创造力有着积极的作用。

（一）橡皮泥概括

橡皮泥自1956年问世以来，就成了孩子们最喜爱的玩具之一。最开始的橡皮泥只有灰白一种颜色，但随后的几年里橡皮泥就有了各种各样的颜色和香味，包括夜光的、金色、银色、香波味、刮胡水味，等等。

（二）橡皮泥的作用

现如今，橡皮泥在幼儿教育教学中的应用越来越广泛，对于橡皮泥的作用主要体现在以下几个方面：

1. 橡皮泥具有一定的形象性

橡皮泥作为泥艺手工活动的材料，是一种真实存在的物质，具有一定的形象，幼儿可以观察它的外形特征，还可以摸一摸、捏一捏，从而改变它的形象，很容易让幼儿进行想象活动。

2. 橡皮泥具有可塑性

在玩橡皮泥活动中，幼儿可以自由地操作，根据自己的想象，任意地变换形象，在活动中幼儿能够主动地进行操作，操作带来的是形象上的无穷变化，幼儿再根据形象创造出新形象。

二、橡皮泥手工对幼儿身心发展的作用

如今的幼儿美术教育活动丰富多彩，形式也是多种多样，有绘画、工艺和欣赏。近些年，国内的很多幼儿园都开展了橡皮泥创意课程，就是我们通常所称的泥塑活动，经过近年来的教学工作，我们在美术教育教学活动中发现泥塑活动颇受孩子们的喜爱，我们用于泥塑的材料是一种特殊的环保、卫生材料，它和我们平时看到的橡皮泥有很大的差异，可塑性更强，用手和一些简单的工具可以捏塑成各种物体、动物、人物形象等。然而泥塑活动更大的魅力在于幼儿园泥塑课教学以玩为载体，在玩中渗透技术练习，在玩中寻找表现内容，在玩中进行师生互动，是一种轻松愉悦的美术活动。随着幼儿教育的不断发展，越来越多的幼儿园将橡皮泥教学融入幼儿教育教学和游戏活动中，在丰富幼儿园课堂教学内容的同时，培养幼儿的美术素养和创造能力，而橡皮泥运用到幼儿园课程教学中的作用主要体现在以下几个方面：

（一）橡皮泥手工制作有利于幼儿身体的发展

科学家爱因斯坦说："兴趣是最好的老师"，幼儿对美的感受，对新事物的兴趣往往是建立在视觉上的，因此在课堂上可让孩子们欣赏苹果、

西瓜、小动物、花朵等橡皮泥制作的教学模型。然后让孩子们仔细看一看，用手摸一摸，让他们猜是用什么材料做成的，充分激发他们玩橡皮泥的兴趣。橡皮泥手工制作和其他绘画形式不同，它使幼儿有了更多运用手指和肌肉的机会，幼儿的小肌肉群正处于发育阶段，需要有一种经常、适量的锻炼来促进它更好地发育，泥塑正是符合这一要求的方法。泥塑中需要运用"团、搓、压扁、黏合、拉、分泥、雕刻"等基本技能，这都需要双手及五指配合，手腕转动，小臂、大臂用力。这种合理的锻炼使幼儿肌肉群得到最佳发育，也促进了幼儿手部的灵活性和协调性。

在橡皮泥手工制作的过程中，还调动了幼儿的视觉、听觉、触觉等多种感官的积极参与与配合，对幼儿的脑部发育有着极其重要的影响。

（二）有利于发展幼儿智力和创造才能

橡皮泥制作不仅仅教给幼儿美术方面的简单技能，培养幼儿的艺术才能，而且在促进幼儿智力和创造能力的发展上有着独特的作用。如在大班意愿塑造活动"小兔乖乖"中，让幼儿讲述故事情节，然后进行塑造。幼儿不仅要开动脑筋，运用回忆，而且要利用想象，再现或者是创造性地塑造故事中的动物形象，这对幼儿智力发展起着巨大的促进作用。

首先，老师给孩子们做示范，让他们了解橡皮泥随意造型的特殊作用。告诉他们操作的技巧，如搓、压、捏、切、团、粘、印等技能。之后，引导孩子们进行联想，比如看到树叶、苹果、小动物等事物，让小朋友发挥想象力，往往会激发出不同寻常的答案来，然后动手制作，给幼儿一个充分的动手操作空间，让幼儿展开想象的翅膀，按照自己的奇思妙想捏出来。如在制作"好吃的食物"时，很多小朋友都制作出多种不同的食物，有包着草莓的汤圆，棒棒糖变成的麦克风，用葫芦装点的蛋糕，等等。通过自主创作，培养幼儿的观察能力、形象记忆能力、想象力、创造力和动手操作能力；同时也培养幼儿的自主意识和创新意识，充分调动幼儿的多种感官，培养幼儿的观察能力、形象记忆能力、美术鉴赏能力，激发幼儿创作热情。把孩子们的作品放在展览区，向全体小朋友展示，并让他们说说自己所捏作品的名字、制作方法及创作意图、颜色搭配，等等。这样可以充分调动幼儿的创作积极性，同时也可以锻炼幼儿的口语表达能力，培养学生的自信心。教师为了"鼓励"幼儿的积极性，"保护"幼儿的创作欲望，可以做出适当的评价，如"你捏得真好""你的作品真漂亮""你很会动脑筋"，等等，给予幼儿充分的肯定。

（三）有利于幼儿审美能力的提高

幼儿喜欢美好的事物，欣赏美好事物更想去塑造这些美好事物。橡皮泥手工制作活动中，艳丽的色彩、和谐的造型都能引起幼儿愉悦的体验，美好的感受。在这种心情激动的情景中，让幼儿不自觉地出现了萌芽状态的美感。

（四）有利于幼儿实际操作能力的发展

有一种发展是最为明显的，那就是实际操作能力。橡皮泥用的材料是柔软的、可变化的、有体积的和适合于立体造型的，幼儿可以揉成一团，搓成长条，分成小块，粘成整体，还可以揉成任意形状的物体，因此，它特别容易引起幼儿的兴趣，使之在好动、好奇心理的支配下逐渐学会了各种操作技能，自己去动手操作，进行有趣的搓捏等。在这种操作中，幼儿不但操作技能得到了锻炼和提高，也得到了无穷的乐趣。

（五）有利于幼儿形成良好的心理个性品质

都说兴趣是最好的老师，幼儿在这种愉悦轻松的学习环境中接受新知识，一定程度上有利于改善他们整个学习的性质，有利于培养幼儿的学习兴趣和学习能力的形成。

（六）有利于幼儿养成良好的卫生习惯

在橡皮泥手工制作活动中，教师把泥艺手工需要的工具和材料摆放整齐，给幼儿起到示范作用。制作过程中，要求幼儿把泥分别放置好，不用的泥不能随意乱丢。手工制作完成之后，要求幼儿把作品放在指定的位置上，保持桌面和地面的整洁，把手洗干净。整个活动中，幼儿逐渐养成了干净整洁、勤于收拾、讲卫生的好习惯。

玩泥是孩子的天性。一团团"泥"在孩子们手中变换着，是创造，是游戏，是最能锻炼孩子脑力的一种创作方式，他们将心中美好的事物通过泥工的制作，以立体的形式表现出来，让思维产生兴趣和冲动，在兴趣和冲动中开始创作游戏。他们通过泥土游戏，将天真烂漫、粗犷豪放的造型带入自由创作中，用橡皮泥这种媒介，记录对生活的感受，获得情感的发泄、创作的快乐，使其真正成为开启幼儿智慧大门的钥匙，这便是我们对孩子进行泥艺手工创作活动的意义所在。

三、利用橡皮泥培养幼儿的美术创造力

揉捏橡皮泥的过程中可以锻炼孩子的触觉和手指的灵活度，用工具在橡皮泥上雕刻出不同形状的东西，可以培养孩子的想象力和创造力。那

么，怎样在玩橡皮泥中不失时机地培养幼儿的美术创造力呢？

（一）创设良好的物质环境

幼儿对美术的感受往往基于直接的形象，所以在幼儿园的室内外环境布置中应做到构思新颖、形象、夸张。室内要有丰富的橡皮泥、小棍、切片及其他辅助用具等，让幼儿随时动手操作，随时能感受美和创造美。平时应组织幼儿欣赏作品，可以是图片形式的，也可以是制作的实物或幼儿的泥工作品。这样的物质环境才能够激起幼儿玩橡皮泥的浓厚兴趣和创作欲望。只有为幼儿提供一个宽松、自由的环境，选择适合幼儿活动的内容，让幼儿情不自禁地投入到玩橡皮泥中，随心所欲、无拘无束地陶醉在充满乐趣的想象创造之中，才能促进幼儿创造力的发展。

（二）营造良性的心理环境

心理学家罗杰斯认为，"心理的安全和心理的自由，是促进创造性的两个充要条件"。幼儿年龄小，对教师情感上特别依恋，对环境特别敏感，教师的情绪、语言、行为会直接影响幼儿的情绪心态和创造行为。教师在活动中不苟言笑或缺少情感渲染，则活动的气氛必然趋向紧张严肃，并在师生之间产生一种压迫感，使幼儿不敢表达自己的想法，创造思维也无从产生。因此，教师在活动中要有和蔼可亲的态度，使用亲切平和的语言，使幼儿在情绪上轻松愉快，表达上流畅自如，为幼儿营造创造氛围。教学中，经常用商讨式、讨论式、探究式的语言组织活动，使教师与幼儿之间不再是灌输与被灌输的关系，而是一种平等的对话式的双向交流关系。如用橡皮泥捏汽车时，先与幼儿一起观察马路上各种各样的汽车，查找有关汽车的资料。并引导幼儿一起研究汽车的捏法，有的幼儿说应该先捏车身，有的幼儿说应该先捏车轮子。讨论中，教师不要用自己的想法约束幼儿，听到他们不同的意见时，应用平等探讨的口吻引导幼儿两种方法都试一试，看哪种方法容易捏，而且捏得美，帮助幼儿寻找正确的答案。这样幼儿才敢于提出和老师不同的想法，久而久之，幼儿的想法、观念都具有了个性色彩，幼儿的语言、行为无拘无束，创造火花不时闪现。为幼儿创设良好的心理环境，营造鼓励支持的氛围，让幼儿能够自由思索，大胆想象，主动实践，才能萌发幼儿的创造力。教师要使幼儿在心理上感到轻松愉快，就要少对幼儿说"不好""不可以""不是这样"之类的话，而要经常使用鼓励、肯定的语言，调动幼儿的积极性、主动性和创造性。

（三）进行适当的技能技巧训练

在玩橡皮泥活动中，因为幼儿年龄小，虽然橡皮泥在他们的小手摆弄下可以变成千姿百态的小人和小动物，但缺乏一定的技能，要使他们的创造力得到发展就要让他们掌握制作的技能，如搓、压、捏、切、团、粘、印等技能。在训练时，教师可以做动作示范，但是对幼儿的作品不能用统一的要求，更不能用"像不像老师的"来要求幼儿。在泥工活动中，幼儿可以根据自己的想象，任意地使用各种技能进行活动。幼儿只有掌握了一定的技能技巧，有了丰富的感知经验，才能够在此基础上进行创作。

（四）发挥幼儿自由想象，激发创造意识

在玩橡皮泥活动中，要注意发挥幼儿自由想象，鼓励幼儿个性的发展，让幼儿拥有自己的思想。因此，在教学过程中要鼓励幼儿主动观察、发现、创造，使他们的创造意识得到发展。例如，在活动中，出示花瓶的图片让幼儿欣赏，再倾听他们的想法，喜欢做什么样的花瓶？最后让幼儿

制作出自己喜欢的花瓶，并告诉幼儿不要模仿别人的，要做和别人不一样的才是最好的。总之，幼儿期是培养创造力的最佳时期，只要我们尽情地发挥各种资源，用心去观察，有选择地去运用，就一定会挖掘出幼儿的创造潜能，为培养新时代创新型人才打下坚实的基础。

四、橡皮泥制作技巧

橡皮泥是幼儿喜欢的一种手工材料，它的色泽鲜艳、柔软易塑、物美价廉，是幼儿园手工制作中经常用到的教学工具。通常情况下，使用橡皮泥的基本方法有：搓、压、揉、捏、贴、接等。具体的制作技巧大概分为以下几个方面：

分泥：用目测的方法将大块的泥，按物体的比例和制作的需要，分成若干小块来准备塑造；

团圆：将泥放在两手手心中间，双手均匀转动，将手中泥团成圆球；

搓长：将泥放在手心，两手前后搓动，将泥搓成长条状或圆柱体；

压扁：用手掌或工具将搓成的长条或团成的圆柱体压成片状；

抻拉：从一整块泥中，按物体的结构抻拉出各细节部位（如大象鼻子、天鹅脖子等）；

连接：直接粘接——将需要粘接的部分塑成一边凹进一边凸出，插接后压紧，使用连接道具（竹签或小棒）插接两端，压紧后完成。

五、橡皮泥手工制作

橡皮泥手工制作简单容易操作，对于幼儿园橡皮泥手工制作要选取一些幼儿喜欢的题材，如小动物、水果、糕点等。

（一）小青蛙手工制作

小青蛙蹦蹦跳跳的很可爱，而且小青蛙"呱呱"的叫声也是极具特点的，关于小青蛙的儿歌也相当多，橡皮泥青蛙的制作能够让幼儿在制作青蛙的过程中，了解更多关于小青蛙的常识，其制作过程如下：

1. 制作工具和材料

橡皮泥、牙签。

2. 制作方法与步骤

（1）首先搓一个圆球，稍微压扁；

（2）然后搓两个白的大圆球，两个黑的小圆球，压扁叠上做眼睛；

（3）接着用粉红色做两个小圆球压扁，做个红扑扑的脸蛋；

（4）搓一个长条，做嘴巴；

（5）然后是身体，做一个正方体，再加点花纹；

（6）接下来做青蛙的脚，搓四个小圆球，一手按住，另一手用牙签挤出脚掌的样子；

（7）这样四肢就做好了；

（8）最后接上身体，完成。

（二）蛋糕手工制作

美食对幼儿充满诱惑，蛋糕是幼儿喜欢的食物，其制作也是相当简单的，具体操作如下：

1. 制作工具和材料

彩色橡皮泥、塑料刀、塑料滚筒。

2. 制作方法和步骤

（1）选取柠檬黄、白色、褐石色、草绿、天蓝和红色的橡皮泥；

（2）先用塑料滚筒把柠檬黄、白色、褐石色橡皮泥擀平；

（3）用塑料刀把已经擀平的橡皮泥切成三角；

（4）把切好的三角橡皮泥组合在一起；

（5）把草绿和天蓝色橡皮泥搓成条，给蛋糕做装饰；

（6）捏一个小草莓点缀蛋糕，一个蛋糕便完成了。

第五章 幼儿教育与自然材料手工

我们周围具有丰富的自然资源，从自然资源中选取的自然材料具有变化多、跟幼儿的生活联系紧密等特点，使得自然材料具有较大的教育价值。同时自然材料也具有独特的美感、天然的物理特性以及结构的多样性，使得自然材料成为良好的幼儿手工活动的材料。自然材料各异的形态和自然美感可以培养幼儿观察美、发现美、欣赏美的能力，从而引导幼儿全面发展。

第一节 概述

自然材料，顾名思义即来源于大自然中的材料，如树叶、树枝、树皮、花瓣，各种植物的果实、种子，石头、泥沙等。利用丰富多彩的自然材料进行手工制作活动，能激发幼儿创作的灵感和欲望，提升对手工活动的兴趣，发展动手能力、创造能力；也让幼儿学会观察生活、发现生活中的美，挖掘身边可以再利用的物资，改造和美化我们的生活环境；同时还可以培养幼儿环保节约的美德，树立初步的环保意识。

一、自然材料的概述

相关文献中对"自然材料"一词并没有统一的概念，我们可以将"自然材料"分成"自然"与"材料"两个部分来进行概念界定。"自然"指天然的，非人为的，泛指自然界；不经人力干预而自由发展；理所当然。"材料"指未经加工整理的原始素材，也指制造物质成品的素材，如木材、钢材、水泥等，如"建筑材料、装修材料"；还指提供创作内容的事实、场面、人物等，如"积累材料"。对于手工制作活动来说，综合上述两词的概念，"自然材料"是指天然的、未经加工整理的原始素材，例如，水、树叶、水稻、羽毛、石头等。

二、幼儿手工制作中自然材料的选用原则

手工材料是幼儿活动的对象，是与幼儿的年龄特点、经验、能力和需要相适应的材料，能激起幼儿对学习的主动性，使他们在没有压力的环境中主动观察，发现问题，独立思考、解决问题。因此在准备、选择、提供操作自然材料时，应根据幼儿兴趣和发展水平进行选择。

（一）安全性原则

《幼儿园教育指导纲要》中指出，幼儿园必须把保护幼儿的生命和促进幼儿的健康工作放在首位。因此幼儿手工活动的安全性非常重要。安全的手工材料是保障手工制作活动安全的前提条件。所以在收集材料时首先要考虑到材料的安全性，只有安全性强的材料才可以运用到幼儿园的手工活动中。如在收集石子时，应注意石子的棱角不能太过尖锐，如果棱角太尖锐有可能会划伤幼儿，十分危险。在收集植物时，例如，树叶、花草等不能是有毒的，以免对幼儿造成伤害。同时，幼儿手工制作收集的自然材

料都来源于大自然，教师及家长必须注意幼儿的卫生、安全，把幼儿的安全放在首位。幼儿收集自然材料时不易辨别，有的石子、树枝是幼儿从路边捡来的，我们一定不能忽视材料上携带的细菌。因此，教师、家长必须和小朋友们一起做好卫生工作，把收集来的自然材料洗干净，放置在阳光下暴晒后方可使用，以免发生意外事故。

（二）自然材料的多样性和层次性

一方面，材料的投放要根据班级幼儿不同的需要、能力，尽可能多地提供有较强操作性、趣味性、可变性的自然材料吸引幼儿的主动探索。众所周知的"水桶"理论告诉我们，每个幼儿的发展水平不可能是整齐划一的。不同的幼儿，有着不同的兴趣、爱好和个性，甚至同一年龄的幼儿，他们之间也存在着能力上的差异，而且发展速度也不一样。所以我们在提供材料时，千万不能"一刀切"，既要考虑"吃不了"的幼儿，还要兼顾到"吃不饱"的幼儿，使每一个幼儿都能在适宜的环境中获得发展。在搭建建筑时，能力强的幼儿可选择较小的木块、石子，能力差的幼儿可选择较大的木块、石子。并且，在活动中，允许操作能力强，完成较快的幼儿在完成本次活动后选择另一区角的内容，这样既让操作慢的幼儿有足够的操作时间，也减少了操作快的幼儿消极等待的现象，使每位孩子都能获得成功感。另一方面，围绕教育目标，提供多样性的材料。例如，在手工制作活动中，可以让幼儿选择树叶或小草制作一片森林，使幼儿在活动中喜欢上绿植、喜欢上森林，从而达到从小培养孩子热爱森林、保护生态环境的意识之目的。

（三）根据幼儿兴趣选择材料

教师选择的材料的丰富程度可直接关系到幼儿活动质量，以及能否使幼儿尽兴尽情地"研究"他们的世界。因此，自然材料的选用应该是丰富多彩的，然而，丰富的材料并不等于越多越好，多则滥，滥则泛。幼儿注意力具有不稳定性，过多过杂的材料投放，虽能吸引幼儿投入活动，但也易造成幼儿玩得分心，玩得眼花，一会儿拿这个玩玩，一会儿拿那个玩玩，只学会了拿起一物—摆放片刻—丢弃—另换一物，显然这与我们投放材料的初衷是相悖的。因此，在选用材料时，应考虑材料与手工活动目标的关系，做到有的放矢，加强自然材料选择的针对性、目的性和科学性，并依据幼儿对活动的需要，进行定期更换与补充。我们通常在开展某一区域游戏前，先与幼儿共同探讨，再根据幼儿的认识特点、兴趣及教育目标，共同制定区域游戏的规则。例如，我们在房屋制作的手工活动中，应在操作区内投放多元材料和低结构的材料，如石头、泥、沙、树叶等，这些都是很常见而幼儿又乐此不疲的材料。我们引导幼儿到操作区搭建与众不同的房屋，鼓励他们每天都要有新的创意、新的发现、新的尝试。在总结交流时他们互相取长补短，不断推陈出新，搭建水平明显提高。

学校班级的手工制作成品不仅仅能够美化活动室，更是幼儿自我表现与展示的舞台、想象与创造的天地，也是家园信息与经验交流的窗口。合理的手工制作活动是发挥环境教育功能的重要途径之一，当幼儿自主选择手工材料时，教师不仅应成为幼儿游戏的好伙伴、好搭档，还应当成为一位细心的观察者，通过观察和参与制作，从孩子的操作中发现新问题，产生新思考，生成新课程，从而为下一次的材料选用提供新的目标和针对性的选择，真正实现幼儿的全面发展。

三、自然材料本身的局限性

所有事物都有两面性，自然材料虽然较为常见，但由于受各种因素的影响，运用在幼儿手工制作中有很多局限性。

（一）部分自然材料成本较高

在现实生活中，很多自然材料并不是想象中的低成本材料，有的材料虽然在农村随处可见，但如果需要大批量地购买，价格还是较为昂贵的。例如，竹子在南方比较常见，但在北方一些地区却十分稀少甚至很多地区都没有，如果幼儿园让幼儿运用竹子制作竹房或其他竹质的东西，就需要到市场上大批量购买。除此之外，竹子在农村是十分常见的，但在城市中却相对少见，而如果农村幼儿园要想利用当地特有的竹子资源，需要对竹子进行加工打磨，这是幼儿教师不能独立完成的，需要工厂进行专业的打磨、钻孔等，如果不是大批量的加工，定制性的一两套竹玩具成本也是较高的。除了少部分农村幼儿园有这样的资金外，大部分农村幼儿园资金比较短缺，没有财力来购买部分自然材料，所以无论是哪种层次的幼儿园，想要频繁地更换自然材料都是比较困难的。

（二）自然材料不易保存

大部分自然材料都含有水分，空气对材料产生氧化作用，使材料发生腐败，不利于幼儿手工作品的制作及保存。虽然教师会尽量选择不易腐败的材料，但如果只局限于选择不易腐败的材料，那么一些富有独特美感的、颜色鲜艳的材料就不能被使用。例如，拓印时常用的白菜，如果不及时更换，富含水分的白菜很容易腐烂。再如，拼插使用的柚子皮，如果保存不当也很容易发霉腐烂。一些装饰用的花瓣，隔几天就蔫了，失去了色彩。这些自然材料无法改变的自身特性使得幼儿教师减少了此类材料的使用频率。

（三）自然材料具有季节性

由于季节原因，自然材料只能选择当季的材料，这使得教师在选择材料时产生了一定的局限性。例如，到了冬天，万物都开始沉寂，如果教师要对材料进行更换或补充，可能会受到季节的限制，很多材料无法找到。

（四）自然材料本身具有一定的安全隐患

自然材料由于本身的自然属性，可能存在一些安全问题，如某些花朵根茎带刺，可能会扎破幼儿细嫩的皮肤。而花朵的花粉、动物的羽毛等可能会使一些幼儿过敏。有的自然材料也有可能被喷洒过农药，从而对幼儿的身体造成损伤。有的自然材料坚硬且带有尖角，这也可能会使幼儿受到伤害。

四、幼儿进行自然材料手工制作的意义

幼儿的才智反映在他的手指尖上。只有让孩子在操作中动手、动脑，多种感官参与活动，才能使他们的智慧和能力得到最大限度的发掘。而手工制作正是典型的手脑并用、手眼协调，有利于全面开发幼儿大脑，有利于全面开发幼儿创造力。这种符合儿童身心发展需求的特点决定了自然材

料对幼儿的实用价值。

（一）促进生理机制发展

脑科学揭示，大脑左右半球是相对分工的，左脑是语言逻辑的优势半球，主管逻辑性心理活动，如逻辑记忆、逻辑思维；右脑则是非逻辑性心理活动场所，主管情感、情绪、形象记忆、空间知觉、直觉、艺术欣赏等。左右半球在幼儿的创造活动中各司其职，缺一不可。但长期以来，教学过程的着眼点更多的是在逻辑记忆上，而忽略了直觉、灵感、情绪学习，这使右脑的开发和左右脑的沟通显得薄弱。

手工制作则需要左右脑的同步合作沟通来完成。手工制作的过程中，调动了幼儿的全部感官活动，既是左右手的合作协调，同时也是手与脑的协调训练。幼儿通过实际操作，有了感性认识，才会激发创作欲望与灵感，通过材料工具的选择搭配，完成原有的设计意图，从而达到完美的设计效果。这与进化论中人到猿的进化过程中手的进化促进脑的进化是一致的。

（二）促进心理健康发展

随着幼儿的不断成长，其大脑皮层也在迅速发育成长，幼儿的大脑活动能力也会逐渐加强，兴奋过程与抑制过程逐渐平衡。他们会不断地更好地接受外界刺激，更好地控制自己的行为，他们的思维想象不断发展。在认真快乐的动手制作中，幼儿的情感、意志力、个性品质都能够得到培养，从而达到陶冶情操、启迪智慧、身心全面发展的目的。

（三）促进智力发展

手工制作中主题与材料的开放性，以及自然材料的多样性和多彩性，使幼儿的创作个性得以最大限度地发挥。他们不受行为模式的定型，不受规范习惯的束缚，完全可以大胆地尝试，因此他们在手工制作中思维较其他活动更开阔，更能充分地表达现有水平，用手工制作的方法对想象中的事物进行创造，在从虚到实的过程中发展幼儿的观察力、记忆力、想象力、创造力。

（四）提高幼儿的艺术素养

手工制作活动是一种美术创作活动，而自然材料本身就具有一定的美学元素，如鲜花、彩石等。教师在指导幼儿进行手工制作活动中，可以根据自然材料的特征或所具有的美学意义以及具体情境进行，引导幼儿体会自然材料的美术色彩，领略美术的多元化与综合性，提高用双手美化生活的意识，形成基本的艺术素养。

（五）提高幼儿环保意识

自然材料大多来源于大自然。幼儿通过利用自然材料进行手工制作，尤其是对于自然植物的运用，能够加深幼儿对大自然的喜爱，培养生态保护意识，加深对绿色环保重要性的认识，启发幼儿善于寻找、利用身边的各种自然资源进行手工制作，参与各种美术创作活动，将美术教学拓展为综合课程，促使幼儿在心理健康、艺术素养、实用技能、自然生态、人文学科等方面的和谐发展。

五、自然材料在幼儿园手工活动中的开发与利用

手工制作是幼儿喜爱并愿意参与的一种活动，是培养幼儿动手、动脑、手眼协调，启发幼儿创造性思维及良好品质的重要手段。大自然赋予

了我们各种花草树木、各种果实种子、沙土石子、海边随处可见形态各异的贝壳等，这些大自然馈赠给我们的独特的礼物既环保又富于很强的可塑性，只要我们稍作装饰、点缀，眼前就会呈现出一件件精美的作品。

（一）多种途径搜集资源，加深幼儿的认知

1. 利用家长资源，挖掘自然材料

《幼儿园教育指导纲要》指出："家庭是幼儿园重要的合作伙伴。应本着尊重、平等、合作的原则，争取家长的理解、支持和主动参与，并积极支持、帮助家长提高教育能力。"因此，在进行自然材料搜集的过程中，可以利用园内幼儿多来自农村的优势，发动家长帮忙搜集更多的自然材料，如玉米皮、棉花壳、果壳、石头、麦秆等，将这些自然材料进行分类整理、清洗、消毒后进行手工制作。

2. 幼儿园所处地理位置带来的"财富"

寻找幼儿园周围的农贸市场、建材市场及社区花园、大明湖、小清河等自然环境中的材料，为自然材料手工制作提供优质的资源。还可以带幼儿参观农贸市场，认识不同季节的水果、蔬菜及其颜色、特征后进行蔬菜拓印，用胡萝卜片拼摆毛毛虫、太阳等；带幼儿去花园感知季节变化的同时搜集不同的材料，如春天发芽的柳枝可用来拼摆出不同图形、编织成花环，在户外时还可用来套圈等；夏天各种水果的果核可用来拼摆、涂色处理后创作出一件件作品；秋天搜集到各类树叶后进行树叶粘贴、树叶拓印、制作树叶画、树叶皇冠等；冬天冻冰花，用黏土、彩纸和树枝进行制作，在建材市场带回的木块下脚料用来拼摆，用刨花、木屑进行制作等。

（二）充分挖掘自然材料的多维价值，使其"活"起来

尝试多角度地挖掘材料的内在价值，探索材料所蕴含的教育功能，使其在手工活动中更具生命力，绽放更多精彩。

1. 注重领域间的渗透

作为新时代下成长起来的幼儿，长期居住在城市之中，缺少了与大自然接触的机会，对自然界中万物生长规律知识的匮乏导致幼儿在利用自然材料进行手工制作时，对部分材料不熟悉、不认识，如小班幼儿看到老师清洗后暴晒的玉米皮问"这是什么？能吃吗"老师回答不能后，孩子继续问"那煮煮能吃吗？"因此，我们在引导幼儿进行手工制作的同时应渗透玉米生长的过程及玉米的用途；在进行树叶粘贴过程中引导幼儿观察，让幼儿了解到树叶有不同的形状及颜色等，还应简单渗透树叶的结构；在《小树的新衣》制作过程中，幼儿了解到常青树及落叶树；在进行豆类粘贴过程中引导幼儿认识不同种类的豆类及其用途。

2. 发挥其独特特点，灵活运用进行创作

根据材料的颜色、形状等不同特征、特点，充分调动幼儿生活经验，对其进行巧妙改造、组合、创作。如幼儿在观察核桃壳的特点后，借助黏土等辅助材料创作出了小乌龟、小帆船等作品；用松果制作出了憨态可掬的小熊、用树枝和毛线缠绕出了蜘蛛网等作品。活动中，教师进行适时的引导，幼儿也会根据自己所需选择材料，学会抓住材料自身的特征，进行艺术的想象与构思。

陈鹤琴先生说过："大自然、大社会都是活教材。"大自然向我们展现无穷魅力的同时也为我们提供了"取之不尽，用之不竭"的自然材料。

我们应充分挖掘自然资源，合理利用、有效开发，让孩子们在手工活动中回归自然、学会创作，引导幼儿学会用心灵去感受和发现美，用自己的方式去表现和创造美。

第二节　自然材料手工形式

手工制作活动是幼儿生活中不可缺少的学习和游戏内容，是增强幼儿创造力和想象力的重要活动。大自然赋予了我们各种植物的根、茎、叶和种子，还有农作物的秸秆等，这些自然材料都能引起幼儿对活动的兴趣，是幼儿的兴趣所向，以这些材料开展幼儿园的手工制作活动，不仅能让幼儿对材料感兴趣，最大限度地发挥潜能，在快乐中学习，而且这些独特的材料可塑性强，稍作加工点缀，就是一件惟妙惟肖、生动逼真的作品。

一、树叶

每个幼儿都具有很强的可塑性，只要能正确引导，幼儿的潜能和天分就会得以挖掘和塑造。教育家陈鹤琴先生说过："幼儿的课程应以大自然、大社会为中心"，并强调"充分利用和为幼儿提供接触大自然的机会"，《幼儿园教育指导纲要》中也明确提出："要充分利用自然环境，扩展幼儿的生活和学习空间"。因此，在教育教学活动中，应注重引导幼儿利用树叶根据想象创造出充满童趣的作品，激发幼儿的创新意识，丰富幼儿的想象力。

（一）树叶的多元功能

树叶的形状、颜色多种多样，具备明显的多元性特点。幼儿在手工制作活动中，可以利用这一特点，制作出各种不同的物件。

1. 同种材料指向不同目标

同一种材料在不同的手工活动中有不同的用法，可以达到不同的教育目标。因此，幼儿教师应注重拓展思路，挖掘材料的多用性，提高利用率，使材料在各个活动中可以多次使用，取得意想不到的教育效果。如在绘画手工制作活动中，使用树叶绘画出各种彩绘；在泥艺手工活动中用树叶和橡皮泥进行粘贴；在美工活动中直接撕、折、插、扣、串、编和折折、剪剪、粘粘等。

2. 同种材料指向不同年龄

根据幼儿的年龄特点与手工动作的发展规律，应注重挖掘树叶材料在不同年龄段中的教育价值，让幼儿按自己的方式去探索学习获得发展。在树叶的使用开发上，小班可用来撕面条、撕裙子、撕假发；中班可用来剪、扣；大班可用来编辫子、编楼梯、编手镯。小班可以将树叶用牙签连接；中班插简单的交通工具；大班插复杂的枪支，制作出立体美术作品。

3. 同种材料指向不同个性

在手工活动中，树叶材料深得幼儿们的欢迎，不同的孩子会有不同的选择，因此它带给幼儿们的是不同的教育效果，在不同的选择中幼儿得到了富有个性的发展。如对于芭蕉叶，男孩用其做枪、"行军帽"，女孩用其做服饰、插花。

4．不同材料的组合应用

树叶材料有不同的类型，幼儿可以自由地用自己的方式操作、改变、组合，让不同材料在幼儿的尝试、探索、操作中相互组合。在活动中，幼儿迸发出智慧的火花，创作出了各式各样的作品，如用芭蕉叶和回形针做出各种假发和各种包包；用芭蕉叶和其他物件组成交通工具和枪支等。

（二）树叶手工制作过程

1．材料的准备

收集一些不同形状或不同颜色的树叶，并采集一些野花、野果或野草作为装饰。同时，准备剪刀、透明胶带或双面胶、记号笔、纸等必不可少的工具。除此之外，还应结合实际制作过程准备所需工具材料，如小绳子、小夹子、别针以及一些小装饰品等。

其中，树叶的采集要先考虑其形状的变化。如多菱形的枫树叶、圆形的桦树叶、长形的揪树叶及椭圆的胡枝子叶等，都应采集，以保证图案结构的多样化。树叶的采集还要考虑颜色的多样性，另外，树叶的采集要系列化，即采集的每一种形状、颜色的树叶都能形成从小到大逐个渐进的序列。这样能保证制作时有充分选择的余地。同时也要收集一些花叶、花籽与梗等。采集树叶时要携带一定数量的吸水纸或废报纸，纸张粗糙的旧书或杂志也可以。边采集边将树叶展平后摆放到吸水纸中。带回来以后用重物压紧，并且每天翻动两次，一周左右待树叶干透后，分类夹放好就可以用了。

2．制作技巧的运用

在制作中，可以遵循穿、贴、夹、剪等几种制作技巧，如幼儿园中常玩的"树叶树叶穿穿穿，穿成项链挂胸前；树叶树叶贴贴贴，贴成皇冠戴头上；树叶树叶夹夹夹，夹在衣服上真漂亮；小朋友们动动手，打扮自己真开心"。除此之外，可以在树叶上描绘图案，使树叶变得立体、形象；也可以对树叶进行剪裁、拼接，将其变成动物的头像或我们日常生活中经常接触的物件。例如，将不同颜色的树叶拼接成女孩子喜爱的花裙子或是男孩子喜欢的机器人等，同时可以在树叶上加上绘画，达到更加丰富的效果；另外，也可以将树叶打造成其他物件的装饰。例如，通过对树叶的穿插、染色将其作为教室或卧室的装饰。

幼儿手工制作对于技法的要求较高，正确熟练地掌握技法也是创作的基础，技法训练既要扣紧每项手工品的重点，又要考虑全局，点面结合；既要着眼于全班同学，又要照顾个别能力突出或能力较差的同学，因材施教；既要表扬鼓励，又要具体辅导，帮助他们解决技术上的困难。

3. 制作过程

在手工制作过程中，教师应对幼儿进行引导，根据每片树叶的颜色、形状，运用折、剪、粘、穿等制作方法进行手工品的制作。此处以立体狐狸造型为例展开介绍。

第一，制作狐狸的头。将选好的梧桐树叶中间尖尖的部分往下折，用胶带固定，再用记号笔画上狐狸的眼睛、鼻子、胡子等，这样狐狸头就制作完成了。

第二，制作狐狸的身体。取一片大的椭圆形树叶，卷曲成圆柱形或圆锥形作为狐狸的身体。在实际操作过程中，如果手松开的话，树叶就会松开，变回原来的形状，对此，教师可以引导幼儿用叶柄或剪刀在树叶上戳个洞，将叶柄插入洞中固定，当然此处也可以用胶带固定。

第三，制作狐狸的尾巴和腿。挑选形状、大小合适的树叶插入身体相应的部位，作为狐狸的腿和尾巴。

第四，对各部位进行组合。将已做好的狐狸身体的各个部位进行组合。如此，立体狐狸造型就制作完成了。

4. 作品展示、评价

对于幼儿完成的作品，教师可以组织幼儿进行展示，个别幼儿对作品进行讲解，说说作品的内容，其他幼儿指出它的优点与不足。教师启发幼儿给予分类点评，对于创新的作品进行鼓励。同时也应对有进步的和作品整洁的幼儿进行鼓励。使幼儿在评价作品的过程中增长知识，提高审美能力。

活动评价：重点围绕幼儿作品的形象生动程度、制作方法多样性，以及组合巧妙程度对作品进行评价。另外，教师还应对幼儿的合作情况进行评价，培养幼儿的合作意识。同时教师应对回答问题积极的幼儿进行鼓励表扬。

（三）树叶手工制作中教师指导的有效发挥

第一，指导方法个性化。在手工活动中，教师对幼儿的指导要做到"点""面"结合，即参与指导的教师要有不同的分工，根据不同的记录表观察孩子的情况，进行即时指导。在活动中，根据幼儿手工活动的实施过程，设计两种不同的表格，表一记录班里幼儿活动的大体情况，这是一个比较粗放的记录表，即"面"上的指导；而表二则要求进行详细的记录，教师直接参与到具体的活动中去，从头至尾具体详细地记录幼儿的活动情况，在活动结束后予以评价及反思，即"点"上的指导。通过教师由点到面的参与活动过程，及时地了解幼儿活动情况。

第二，指导语言艺术化。当幼儿的行为或希望得到认可时、当幼儿发生状况或因纠纷而使活动出现停顿有放弃的迹象时，教师应及时介入，介入时的语言指导要讲求艺术性。如小班幼儿在用芭蕉叶"撕面条"时，有一幼儿突然抓起一把"面条"扔在地上，还一边扔一边说，"下雨了，下雨了"，其他幼儿见状也开始模仿起来，整个活动室一片混乱。如果这时教师将其训一顿，然后责其捡起来，当然也会起到效果，但孩子非常有创意的想象也会就此而止了。这时，教师顺应幼儿的思维很夸张地说，"噢，太阳出来了！太阳出来了！"一边说一边将"面条"拾起，孩子们见状，也纷纷仿效起来，一场"闹剧"就在教师非常艺术性的指导语言中得到了完美的解决。

第三，教师站位合理化。在幼儿手工活动的指导中，教师的站位是很重要的。当对个别幼儿进行指导时，教师的站位除了面对该幼儿以外，还必须用余光关注其他幼儿，最忌讳的是面对该幼儿背对其他幼儿进行指导，在指导中教师还应蹲下来与幼儿保持平等的视线。这样，教师眼里关注的才是活动中所有的幼儿，只有这样教师的指导才能发挥更有效的作用。

第四，因人而异，因材施教。手工课上应该充分发挥幼儿的创造性，让幼儿做教材的主人而不是教材的奴隶。我们应该充分地了解幼儿的动手能力、创作的水平、技法掌握情况，探寻符合幼儿特点的手工课程。如在树叶拼贴画制作"旅行和参观"主题时，许多农村的孩子并没有出过远门，让他们制作祖国的名胜古迹、山川河流等景色确实强人所难，这时，就需要教师指导幼儿，根据自己的教学需要，把本地的特色用手工艺术变得生动有趣些。比如，幼儿的动手能力、想象力处于初步阶段，就不能强迫幼儿制作出多么精美的作品，而他们的任务也许就是一节课解决一个造型难点，如只单单拼贴一只大公鸡、拼贴一朵花、拼贴一个房子等。日积月累，当他们将简单的造型完成以后，组合在一起就成了一幅好作品了。

第五，改变指导模式。在教师指导中，应呵护幼儿的创造力，改变指导模式。传统的手工指导是以教师为主，教师说什么，幼儿做什么，这样的模式阻碍了幼儿的发展，有美术专家指出：我们的美术教育到底是幼儿在教师引导下成长还是在教师控制下发展，这是值得我们深思的问题。于是，在树叶拼贴画活动中，无论幼儿想出什么样的点子，或好或坏，教师都应该给予呵护，创意的想法要多多地鼓励，有缺陷的地方教师应主动和孩子们一同改进。比如，在树叶拼贴过程中，一个孩子在一张纸上只剪了一棵树，教师看后不应马上去修改，而是把他的作品贴到黑板上，让这一组的同学每人上来添画一笔，看看最后会呈现出什么样的作品。在教师的指导下，幼儿们一个个走上讲台，有人剪出了一个房子，有人剪出了一棵棵树，有人剪出了朵朵白云，有人剪出了一只长颈鹿，有人拼出了一个小朋友等，在众人齐心合力下，一幅精美的作品诞生了。这时，教师可以走到孩子面前问他"你想到了什么"，孩子可能会给出很多答案。这时，教师只是一个参与者，而真正的老师就是幼儿，让幼儿自己去感受，改变课堂，使精彩不断延续。

（四）利用树叶提高幼儿手工制作有效性的策略

人们常说：要让孩子们到自然中找回人的自然属性，让孩子的自然属性在自然中得到张扬。因此，在幼儿手工制作活动中，应当时常牵着孩子的手，带着各种猜想，去发现大自然的神奇，发现树叶的多姿多彩，探寻大自然、寻求绿叶的奥秘。

1. 通过亲身感知树叶激发幼儿的好奇心

只有对事物好奇并产生兴趣，才能在司空见惯的复杂事物中独具慧眼，创造性地发现问题。居里夫人说："好奇心是学者的第一美德。"幼儿有强烈的好奇心，好奇心是探究和创新的前提，它往往和兴趣结伴而行。教师要正确利用幼儿的好奇心，把好奇心转化为兴趣，有了兴趣，幼儿才会对事物积极关注、积极思考和积极创造。如秋天是收集树叶的最好时机，教师要带领幼儿注意观察各种不同类型的树叶，收集具有一定特征的叶片，建立树叶资料库。可以引导幼儿观察树叶的形状，有的像手掌、小鸟、小鱼，有的树叶天生就是一把扇子。通过对树叶多方面的认识，使幼儿明白只要善于发现、善于创造，树叶也可以制作出许多精美的作品。教师要为幼儿提供动手机会和大胆创造、积极构思的空间，引发幼儿对树叶创作的认知兴趣和探索欲望。

2. 通过创设操作环境激发幼儿的创作欲望

玩是幼儿的天性，在玩耍中幼儿总是带着浓厚的兴趣去接触事物，了解事物，寻求答案。例如，活动课上，教师可以以"玩树叶"引出活动，让幼儿相互交流、自由发言。同时，提供树叶、剪刀、牙签等手工用具和材料。在自由发言中，每个幼儿都可以积极表达自己的观点和看法，并乐意倾听他人的意见，整个课堂充满温情和友爱，幼儿在一起合作学习，使学习变得更加主动。教师可引导幼儿用牙签把两片树叶上一针下一针地横着连接成一条围巾，竖着连接成一条裙子或帽子，然后根据需要用剪刀修剪，并鼓励幼儿用不同颜色的树叶进行搭配，让服饰看起来更鲜艳。通过教师直观形象的演示讲解，幼儿学会了用树叶制作物品的基本方法，他们根据自己的兴趣和爱好，进行创造性的思考、想象和探索，一片片奇异的树叶在幼儿的手里魔术般地变成了各式各样的作品，他们用树叶做成扇子、书签、小碗、小水杯、围巾等各种物品。幼儿展开想象的翅膀，创新的火花被点燃，一个神奇的"树叶世界"展现在眼前。

3. 互相评价、体验乐趣

欣赏和评价能拓展幼儿的创造表现能力，激发幼儿积极主动参与认识美、欣赏美、创造美。幼儿通过自己动手动脑，创造出各具特色的作品，他们都迫不及待地想把自己的作品介绍给同伴和教师。教师要抓住机会让每个幼儿都讲讲自己的作品，评评他人的作品，取长补短，共同提高。再配上节奏感强的音乐，让幼儿进行时装表演，摆造型。热烈的气氛，让平时内向的幼儿都情不自禁地跟着跳起来，整个活动在轻松愉快的气氛中进行。通过欣赏评价，不仅发展了幼儿的审美能力，同时也培养了口语表达能力，从中还能体会到创作的乐趣，收获成功的喜悦。

（五）树叶手工制作

手工制作的树叶拼贴画、树叶粘贴画借美术之灵，创自然之美，可以发展幼儿的创造思维，让每一片树叶都充满智慧，充满生命力。

1. 制作工具与材料

各种树叶、剪刀、胶水、双面胶、彩色卡纸。

2. 制作方法与步骤

（1）先采集各种颜色和不同形状的树叶；

（2）根据所采集的树叶进行大体的构图，进而进行创作；

（3）将树叶按照预定的构图进行摆放，形成基本的形状；

（4）将摆放好的树叶用胶水或者固体胶、双面胶进行固定，粘贴在卡纸上便完成了。

二、果蔬（果皮）

《幼儿园教育指导纲要》中明确指出："教师要引导幼儿接触周围环境和生活中美好的人、事、物，丰富他们的感性经验和审美情趣；指导幼儿利用身边的物品制作玩具和手工艺品等来美化自己的生活或开展其他活动。"可以看出，幼儿的手工活动要以生活为源泉来展开。水果蔬菜这样的自然材料在我们生活中称得上是一种取之不尽、用之不竭的独特材料。教师可以根据水果蔬菜的天然形态、特性，组织幼儿制作各种造型生动可爱、色泽自然的作品。

（一）果蔬的特性

第一，种类繁多，形状各异。常见的瓜果蔬菜有：南瓜、黄瓜、香瓜、茄子、苹果、鸭梨、桃子、萝卜、菠萝、西红柿、洋葱，等等。这些瓜果蔬菜都有自己独特的形状，即使是南瓜，也有大小、圆扁、长短、曲直等不同造型，瓜体的自然形状是千姿百态的。

第二，颜色丰富，纹理图案独特。常见的有红色的苹果和西红柿、粉红色的桃子和洋葱、黄色的橙子和鸭梨、绿色的黄瓜和丝瓜、紫色的茄子、黑色的木耳和白色的香瓜，等等。即使是红色的苹果也有浓淡、深浅之分，它们自然的颜色是丰富多彩的。其纹理也很独特，如哈密瓜、荔枝、菠萝、红毛丹等，它们自然的纹理图案复杂独特。

利用瓜果蔬菜的自然形状、颜色和纹理图案通过巧妙构思，可以制作成各种生动可爱、色泽自然而富有情趣的人物、动物形象和插花小品。这种创意制作，能让人在得到美的享受的同时，感受到运用材料的灵活性和多样化，它较之于一般性的手工制作选材面更广，制作方法更为简单快捷，艺术效果独具特色，能够更加有效地激发幼儿的创造表现欲望，丰富他们的想象力，在富有趣味的制作中提高审美、选材的能力和手工制作技能。

（二）果蔬在幼儿手工制作活动中的运用

瓜果蔬菜作为手工制作材料，其独特性表现在其自然的形状、色彩和纹理图案等方面。如果把这些材料的独特性加以利用，就能够制作成各种生动可爱的动物和人物玩具及插花小品。组织幼儿开展这些小制作活动，是一件很有意义的活动。它既丰富了幼儿的生活，同时也陶冶了他们的审美情趣。因而，可以说开展瓜果蔬菜手工制作的教学活动是在幼儿中实施美育的有效途径。下面就瓜果蔬菜这些自然材料在制作中的选材与造型谈几点认识。

1. 利用水果蔬菜的天然纹理突出形象

水果蔬菜的天然纹理多种多样，纹理图案独具特色，令人过目难忘。

常见的如具有独特水果花纹的南瓜、哈密瓜、西瓜；荆棘图案的有玉米、猕猴桃、菠萝、苦瓜、红毛丹等。这些水果蔬菜具有的特点给幼儿的手工选材构思带来了无限的灵感，能够引起幼儿丰富的联想，带刺的黄瓜让人联想起鳄鱼的背；黄瓜身上的条纹极像毛毛虫；玉米的穗须让人想起我们的头发；白色的花菜既像绵羊，又像兔子身上的绒毛，还像鸟身上的层层羽毛；等等。教师可以充分利用水果蔬菜的天然纹理塑造形象。例如，教师可以让幼儿观察火龙果的表皮，用手摸一摸，感知火龙果的外形特征。然后提问："小朋友，火龙果长得像什么？"幼儿可能会说："火龙果看起来像一条金鱼，因为火龙果身上一片片的皮像金鱼的鳞片。""那么我们就用火龙果的一半做鱼的身，另一半做它的尾巴，用荔枝核做金鱼的大眼睛，再用牙签连接起来，就能做成活泼可爱的金鱼。"这样，教师便能因势利导地将幼儿对某个具体事物的想象引向深入，从而促进幼儿充分利用水果蔬菜的天然纹理塑造形象，激发幼儿制作手工作品、表现手工作品的欲望。

2. 利用水果蔬菜的天然形状塑造形象

水果蔬菜种类繁多，形状各异。常见的南瓜、葱头、茄子、苹果、鸭梨、桃子等，都有各自独特的形状。我们见到的辣椒，又有大小、圆尖、长短、曲直等不同的造型。这些不同形态的水果蔬菜能引起人们丰富的联想。如弯曲的长豆能使人想起蠕动的青蛇；黑色的菱角又能使人联想到弯曲的牛角、羊角；芭乐的形状极像胖墩墩的小猪；圆圆的苹果、桃子，则容易使人想起小朋友健康、红润的脸。教师要有目的地为幼儿提供一些水果蔬菜，让幼儿观察其特点，启发幼儿发挥想象力，充分利用水果蔬菜的天然形状塑造形象。例如，教师为幼儿提供苹果、青椒、石榴、黑豆等，让幼儿观察。然后提问："小朋友，这么多的水果蔬菜，哪一个最像小朋友的脸啊？"幼儿可能会说："苹果。"教师可以进一步问："为什么呢？""因为苹果圆圆的，又红又好看，跟小朋友的脸一样。""老师用苹果做娃娃的脸，用黑豆做娃娃的眼睛，枸杞做他的嘴巴，花生仁做他的耳朵，再用青椒做他的身体，用牙签把这些材料连接起来，就成了一个可爱的娃娃。"教师可以通过启发、示范，调动起幼儿的学习兴趣和创造表现的愿望。在活动中，教师可引导幼儿先观察和概括动物的形体特征，再对应地去找材料。如可以用来做头部的材料有桃子、土豆、石榴、香瓜、葱头；做眼睛的材料除了黑豆以外，还可以用黑瓜子、龙眼果核。这些材料只要按照身体的大小比例来选择搭配，就能做成可爱的形象。如抓住茄子的外形特征让幼儿展开联想，制作成可爱的企鹅；油菜可制作成逼真的小鱼；等等。

3. 利用水果蔬菜的天然颜色塑造形象

水果蔬菜的天然颜色丰富多彩，利用水果蔬菜的天然颜色，通过巧妙的构思，可以制作出生动可爱、色泽鲜艳、富有情趣的人物和动物形象。另外，水果蔬菜的天然颜色很能吸引幼儿的注意力，教师要从幼儿感兴趣的材料入手，对幼儿进行诱导和启发，激发幼儿创造表现的愿望。在制作过程中，教师要引导幼儿注意从水果蔬菜的天然颜色、质地等方面，联想自己熟知和喜爱的事物的形象。如黄澄澄的石榴、鸭梨，可以做成黄色的小鸭子；白萝卜和小芋头，可以做成白鸭子和黑鸭子。如果要表现小女孩儿的形象，可用鲜红的辣椒做她的身体。这样，小女孩儿就像穿上了美丽的衣裳。例如，教师在讲台上摆放苹果、人参果、罗汉果，请幼儿观察这三种水果的颜色，然后提问，"国庆节来了，老师想邀请各国小朋友同我们一起共庆国庆节。谁能告诉我，分别选取哪种材料做黄种人、黑种人和白种人的头呢？"通过观察比较，幼儿选取罗汉果做黑种人的头，用人参果做白种人的头，用苹果做黄种人的头。接着教师根据幼儿的选材，分别用白豆做黑种人的眼睛，黑豆做白种人、黄种人的眼睛，再用颜色鲜艳的植物叶子做衣服的装饰，从而使人物形象鲜明突出。我们还可以让幼儿用各种水果蔬菜的天然颜色进行拼盘、制作手链或进行插花等手工活动。在制作过程中，教师不要过多限制幼儿，而应鼓励幼儿在合理搭配的基础上随意取材，随意插接，随意组合拼盘。大自然是丰富多彩的，各种自然材料形态万千，各具特色，这些自然材料为幼儿的手工制作活动提供了丰富的自然资源。教师只要引导幼儿留心观察、用心思考、富于创造，这些材料就能变成一件件惟妙惟肖、生动逼真的作品。"手工创作活动"让幼儿在生活中"动"起来，感受生活、融入生活，并且愉快地进行创造、表现，从而获得美的体验，形成自然、真实的审美情趣。

（三）幼儿果蔬手工制作过程

1. 果蔬材料的收集

第一，利用家长资源，收集果蔬材料。《幼儿园教育指导纲要》指出："家庭是幼儿园重要的合作伙伴。应本着尊重、平等、合作的原则，争取家长的理解、支持和主动参与，并积极支持、帮助家长提高教育能力。"因此，幼儿园可以利用一些园内幼儿老家来自农村的特点，发动家长帮忙搜集更多的果蔬材料，例如，玉米皮、棉花壳、果壳、水果、蔬菜等。之后幼儿园对其进行分类整理、清洗、消毒后再进行手工制作。

第二，积极利用幼儿所处地理位置带来的"财富"。城镇地区周围有农贸市场、菜市场等，农村地区有菜地、果园、菜市场等。这都为幼儿参与果蔬手工制作活动提供了优质的资源。教师可以带幼儿参观菜市场、果园、菜地等认识不同季节的水果、蔬菜及其颜色、特征后进行蔬菜拓印，用胡萝卜片拼摆毛毛虫、太阳等；带幼儿去果园感知季节变化的同时搜集不同的材料，像夏天各种水果的果核可以用来拼摆、涂色处理后创作出一件件作品；秋天可搜集各类蔬菜、果实等，如可以用茄子制作企鹅、用西瓜皮制作小乌龟等。

2. 果蔬手工制作过程

根据果蔬形状、颜色的多样性及可塑性，可选取不同的水果、蔬菜制作出不同的小动物和其他生活中常见的物件。此处以制作横行的螃蟹为例。

首先，将准备的南瓜从中间切开，分成两半，用其中的一半作为螃蟹的身体；其次，将剩余的一部分南瓜加工成四对大小不等的圆形块状；再次，用牙签将这些南瓜圆块插在螃蟹身体的两侧，在此环节中，教师应指导幼儿把握好一定的力度，既不能太用力将南瓜插坏，又要保证不同南瓜块之间的固定性；最后，将两个大小相同的杧果用牙签插到螃蟹的头部，将两颗黑豆插进事先用小刀挖好的小洞里，做螃蟹的眼睛。这样，一个横行的立体螃蟹造型就完成了。

3. 总结分析

第一，通过材料的发掘使幼儿感受创意。细心观察能够发现材质之美。瓜果、蔬菜、五谷等对于幼儿来说，因为常见往往疏于观察和思考，大多数幼儿的认知仅停留在食用阶段，缺少敏锐地发现美的意识。其实，这些丰富艳丽的色彩，奇特多样的形状，甚至散发出的芳香气味，尤其有待幼儿去细细观察，慢慢感受。教师或者家长应带领孩子走进自然，去亲近这些原始、质朴的美丽。春天，有冒尖的竹笋，嫩绿的枝芽；夏天，有挂须的玉米和红艳的草莓；秋天，有色泽鲜艳的水果和形状各异的五谷种子等。看一看，摸一摸，从形状、色彩、光泽、质感、纹理等方面感受，司空见惯的果蔬杂粮竟然如此美丽，艺术和生活都需要有发现美的眼睛。教师的信手摆弄，几块红薯便做成了肥肥的小猪，鲜亮的草莓稍加雕刻便成了可爱的面孔，一个蚕豆荚就可以做成一只可爱的小鸟，这样的示范一定会让孩子眼睛发亮。世界多奇妙，双手真神奇，散发着泥土气息的材料竟变成了艺术品，幼儿也在触摸和探索中迸发灵感，对果蔬杂粮的手工制作兴趣盎然。欣赏能够让人感受创意无限，因此应当让幼儿欣赏一些优秀的作品，可以是实物，也可以是图片，如形态各异的萝卜雕刻，多姿多彩的种子贴画，鲜艳夺目的水果拼盘。用大量可爱的制作，新奇的想法给幼儿来一个更为波澜壮阔的冲击，拓宽视野和思路。

第二，通过亲自动手制作表现创意。培养幼儿动手创作，需要引导幼儿把握材质的造型、色彩等特点，并尊重幼儿的个别差异和学习兴趣，用轻松开放的活动氛围，灵活多样的活动形式，巧妙多变的制作手法，让其自我学习、探索、创新，提高幼儿的动手能力，满足其发展需要。对引领幼儿在果蔬杂粮的制作中表现自己的创意，可以从以下几点进行实践和探索：

首先，给定主题创作，突显表现力。教师给定主题，让幼儿根据主题选择材料，展开联想进行创作，重在培养幼儿动手能力和独特的表现力。夏天，蔬菜丰富，教师给定"蔬菜时装秀"的主题，幼儿以小组为单位，用一周时间构思、设计、制作。手工课上，幼儿穿上自主设计的蔬菜时装惊艳登场，造型别具一格，颜色搭配和谐。服装"绿色夏日"：尖椒衫，圆白菜裙，西瓜帽，豌豆手链，小模特一身养眼的绿色，给人以扑面而来的清凉；服装"紫气东来"：紫色的茄子切片，做成小衫和短裙，配上"粗犷"的冬瓜项链，头上是一顶紫甘蓝做成的蓬松的帽子，名字贴切，设计大胆有范儿；服装"五光十色"：青、黄、红各色彩椒，小西红柿，大白菜，颜色的绚丽搭配，真把小姑娘打扮得花枝招展。型、名字、颜色、创意，无不让人惊叹幼儿的表现力。

其次，给定材料创作，培养想象力。教学中，教师也尝试给幼儿一些材料，主题自定。同样的材料，设计制作不同的作品，富有挑战性，能激发幼儿的探究精神，展现个体独特的魅力，更能培养其想象力。幼儿对萝卜的设计五花八门：有花、人像的萝卜雕刻；有萝卜组合做成的娃娃、飞船；有吊在窗前的萝卜盆景等。给幼儿水果，幼儿有的做水果雕刻，有的做水果拼盘，有的做"水果捧花"等。幼儿把五谷杂粮的种子变成了种子贴画、种子项链、种子珠帘。更有甚者，在家长的指导下利用家里开馒头店的技术优势，把五谷磨粉做成糕点。辅以形状、颜色各异的各种种子摆成装饰图案，这样的作品已经跳跃了思维，超越了设计本身的目标。幼儿的设计让人感叹，不受约束的艺术想象力正是好的作品的基石。

再次，无限制制作，训练生活感悟力。不定主题，不限材料，幼儿拥有更广阔的创作空间。教师此时更多的是要引导幼儿深入生活，学会发现，培养对生活、对艺术的感悟力，并转化为今后的主动感受、欣赏、创作的能力。

自由创作中，有的幼儿特别选取了"长相怪异"的土豆，做成了各种造型：弥勒佛、假山、海豹等。也有幼儿带来了鲜嫩的玉米，给玉米须当了一回"美发师"：板寸头，爆炸头，麻花辫；黑发，白发，彩发等作品形象简朴灵动，色彩纯粹自然。幼儿对生活独特的视角，细腻、敏锐，充满了浓浓的乡土气息和民间美术朴实新鲜的质感，给人以无限惊喜。

最后，展示评价，延展创意。生活就是艺术，我们要善于发现和展示。幼儿缺的并不是创造力，只是我们没有给他们更多机会。每件作品都是一次灵感与材料碰撞的结晶。将他们的作品展示与评价，是每个幼儿所期望的。所以，教师可以从选材、搭配、色彩、技法等方面，多角度、多层面发现幼儿作品的闪光点，给予正面、积极的评价、展示。各种形式的展览、发表或上传至网络，让幼儿参与到评价当中，分享别人的成功和经验，做到共同发展，以此激发幼儿的创作热情。这不但有利于美术学习的延伸，也有利于幼儿对手工创作的持久兴趣，同时还丰富了幼儿园的文化。

（四）果蔬手工制作活动对幼儿发展的作用

利用瓜果蔬菜开展手工教学活动，不仅能有效培养幼儿丰富的想象力和创造力，而且能促进幼儿形象思维和语言的发展。这是由于瓜果蔬菜的天然形状、颜色、纹理和图案特点使其具有很好的手工教学价值。在此，我们将果蔬手工制作对幼儿的积极意义分为两类。

1. 瓜果蔬菜的天然特点能激发想象力和创造力

从手工造型上看，瓜果蔬菜的天然形状能够激发幼儿的想象力，容易使他们产生丰富的联想，例如，弯弯的辣椒使人想起弯弯的牛角、羊角等，千姿百态的瓜果蔬菜是手工教学的最佳自然材料。因此，教师可以把手工制作活动放在培养幼儿的形象思维上，引导幼儿通过观察瓜果蔬菜的天然形状特点，激发其对事物的想象力。从色彩花纹上看，瓜果蔬菜的天然颜色和纹理图案能激发幼儿的想象力和创造力。例如，绿白花纹的哈密瓜像青蛙背部的花纹特征；毛丹果的毛像雏鸟身上的绒毛。因此，在手工制作活动中，教师应重视对幼儿选材构思能力的培养。

2. 瓜果蔬菜手工制作活动能促进幼儿形象思维和语言的发展

第一，瓜果蔬菜手工制作切合幼儿园教学实践需要。2003年，广西举办了"小聪仔"杯幼儿手工比赛，《小聪仔》刊物制作了大量的瓜果蔬菜手工作品，对幼儿园幼儿学习手工制作起到了良好的指导作用。这次比赛中涌现了一大批瓜果蔬菜手工作品，幼儿在教师的指导下，利用瓜果蔬菜的天然特点，制作了各种生动有趣的动物形象。例如，广西教育厅幼儿园孩子制作的板栗蚂蚁；广西医科大幼儿园孩子制作的小孔雀；广西农科院幼儿园孩子制作的蜗牛和乌龟等，这些优秀的作品给各位评委老师留下了深刻的印象。这次手工比赛充分调动了幼儿园幼儿的制作热情，家长们在为孩子准备手工材料的同时辅导孩子学做手工。通过学习瓜果蔬菜手工制作，幼儿认识了很多瓜果蔬菜，了解了它们的名称、特点和相关知识，开阔了视野，也活跃了思维。现在有的幼儿看到一些形状独特、花纹特别的瓜果蔬菜，也会好奇地问起它们的名称，想象出某个动物的样子。可以说，瓜果蔬菜手工制作能够培养孩子的想象力，提高孩子的审美情趣，促进孩子形象思维的发展。

第二，瓜果蔬菜手工作品还可用作情景教具。把瓜果蔬菜手工作品组合成有一定情景效果的场面，可供幼儿讲编故事，促进他们的语言发展。例如，以《春天》为主题的教学活动，教师可以用瓜果蔬菜教小朋友做春天的小动物，如做小鸭子：用小的果子做头，大的果子做身体，黑豆子做眼睛，形态可爱的水果鸭就这样做成了，旁边再搭配些菠萝做水草，就组成了池塘景象的情景教具，可供孩子们编故事。根据故事情节的发展，还可变换不同的景物，如用西兰花、上海青做小树林，大叶子做荷叶，洋葱做荷花，把小鸭子放在荷花旁，又形成了另一情景场面，而故事内容又可以续编下去。做水果鸭的材料还有：鸭梨、池菇、金橘、生枣等黄色果子。这些材料可分发给幼儿们做成作品，再组合成新的情景教具。手工教学活动应充分调动孩子的积极性，让每个孩子都参与进来。

有些经典故事也可以用情景教具来讲述，例如《小蝌蚪找妈妈》可用哈密瓜做青蛙妈妈，莲子做眼睛，蒜苗做蹼，这样的青蛙形象生动有趣。用黑葡萄做小蝌蚪，洋葱做荷花，配上荷叶和浮萍，一组生动的池塘景象跃然而出，很受孩子们喜爱。通过移动场景和增减小动物，可以构成不同的情景和场面，供孩子们编故事。场景是可变的，故事情节也不断发展，这样的情景教学活动必将成为促进孩子形象思维和语言发展的良好教学形式。制作青蛙的材料还有青枣、小南瓜、佛手瓜、青椒等。瓜果蔬菜手工作品还可用来美化环境，布置自然角、生物角、美工角和玩过家家游戏等。

（五）蔬果玩教具

蔬菜水果的造型和色彩，能引起人们丰富的联想，它绿色环保，适合作为幼儿玩教具制作的材料。

1．基本方法

（1）切割：根据蔬果的形状，启发幼儿联想某种动物，用切割的方法，完成蔬果小动物的造型。如黄瓜，稍作切割做成鳄鱼的形象。

（2）插接：把不同的形体用牙签穿插连接，丰富造型，如用黄瓜做鳄鱼；用苹果做小猪；用萝卜做桌椅；用西瓜皮和小棒做刺猬等。

2．蔬果手工制作

（1）螃蟹

制作工具与材料：南瓜、牙签、杧果、刀、黑豆。

制作方法与步骤：

第一步：准备材料，一个南瓜、两个杧果、八根牙签、两颗黑豆；

第二步：把南瓜用刀从中间切一下，分成两半，用其中的一半做螃蟹的身体；

第三步：将剩余南瓜加工成四对大小不等的圆形块状；

第四步：用牙签将这些南瓜圆块插在身体两侧；

第五步：将两个大小相同的杧果用牙签插到螃蟹的头部，做螯；将两颗黑豆插进事先用小刀挖的小洞里，做螃蟹的眼睛；

第六步：完成。

（2）乌龟

需要的材料：一个带叶子的菠萝、两粒黑米和一把刀子。

制作方法与步骤：

第一步：将叶子去掉，备用，再把菠萝切下一半，做乌龟的身体；

第二步：将四片长叶子摆放在身体下面，做乌龟的爪子；

第三步：用两片大叶子和一片小叶子放在身体前面做头部，将两粒黑米扎入上面的叶子；

第四步：一只可爱又逼真的乌龟便做成了。

（3）可爱的小猫咪

需要的材料：三个橙子、两颗黑豆和一些牙签、大头针。

制作方法与步骤：

第一步：将两个橙子的一边都切平，在切口处用牙签将两个橙子固定在一起，做小猫的身体；

第二步：用橙子皮剪出耳朵并插在合适位置，用六根牙签做小猫的胡子，每边三根。

第三步：将两颗黑豆嵌在相应位置，做小猫的眼睛；

第四步：将橙子皮剪出尾巴的样子，用牙签将其连接在小猫身体的后面；

第五步：可爱的小猫咪制作完成。

三、秸秆

秸秆能做饭、取暖或者作为垃圾被农民随意丢弃或焚烧。但是，秸秆除了用于生活所需之外，还可以将其运用到幼儿园的教育教学和游戏活动中，将秸秆变成精美的手工艺品，提升秸秆的价值，使之成为一种高雅的工艺品。

一幅幅故事人物栩栩如生，一件件山水花鸟惟妙惟肖，都可以用秸秆制作出来，通常情况下，秸秆手工艺品的原料是玉米秸秆，它造价低廉，遍及田间地头；适用题材广泛，动物植物、花鸟鱼虫、建筑名胜、风土人情，无所不能入画。

秸秆画的制作包括三个基本步骤：画样、制作小料和拼粘。首先，把作品的底稿画在透光拷贝纸上。其次，根据拷贝纸上的画样制作一个个拼图小料。将选好的玉米秸秆纵向剖开，刮掉里面的"瓤儿"，外皮通过压、剪、烙、贴等加工处理，一个小料就制作完成了。将做好的小料依据画样粘贴在绒布上。最后，进行装裱，一幅画作完成，小秸秆就变成了精美的艺术品——实现了它的"凤凰涅槃"。

（一）秸秆手工制作的作用

《幼儿园教育指导纲要》中提到"指导幼儿利用身边的物品和废旧材料制作各种玩具、工艺装饰品，体验创造的乐趣"，说明手工活动已经成为幼儿教育的重要组成部分。在许多人的潜意识里往往认为"美术就是画画，手工就是动动手剪纸、捏橡皮泥"。其实不然，美术包括绘画、雕塑、工艺美术和建筑等。绘画和手工都是美术的一部分，幼儿手工既需要绘画的基础，也离不开装饰、雕塑的技巧。手工活动是幼儿园中常见的活动。手工活动对幼儿来说，是早期发展思维、开发智力，养成动手操作的良好习惯的一个重要前提。正如苏霍姆林斯基所说："儿童的智慧在他的手指尖上。"由此可见，手工活动对于儿童的观察力、想象力、思维力的培养，对手部肌肉的协调性、灵活性的发展，对于审美能力、空间思维能力及耐心、细致的良好习惯的养成，乃至全部才能的开发，都具有至关重要的意义。对于幼儿园秸秆手工制作而言，与其他的幼儿手工不同，秸秆手工所采用的是农作物材料，其蕴含的不仅仅是美学作用、创造性作用，还包括对幼儿的传统文化的传播。

1. 有助于培养幼儿坚强勇敢、克服困难的良好品德和习惯

秸秆创意手工的特点目的明确，并能在短时间内看到效果，颇受幼儿的喜爱。小企鹅、小帆船、照相机、小青蛙、风车等，小朋友玩着自己做的"小作品"高兴万分，爱不释手。他们在制作过程中碰到困难，会想办法动脑筋去解决，有时有的幼儿会求助于教师，教师一定要鼓励、启发幼儿想办法，并帮助个别幼儿解决困难，逐渐培养幼儿的自信心和坚强的意志。秸秆手工制作的过程中，幼儿可以根据模板进行粘贴，操作简单，对于幼儿来说容易操作。而且当制作遇到困难时，可以通过剪、贴等方式自行创作，它能培养幼儿克服困难，做事有条不紊的良好品德，对于幼儿自信心和坚强意志的形成也极为重要。

2. 有助于幼儿动手操作能力的提高

在秸秆手工制作的过程中，幼儿不仅要掌握画、剪、贴等各种技能，还要学会有次序地进行制作。幼儿剪纸、折纸及废物利用，秸秆画制作等丰富多彩的手工活动，无一不是在手的协调下进行的。因此，幼儿园的手工活动对培养幼儿的动手能力，有着不可低估的作用，由于幼儿对手工活动有兴趣，就会加倍认真地学习，进一步掌握使用各种简单工具的技能技巧，有步骤、有次序地去实现自己的愿望。在制作过程中，幼儿双手同时

进行，对双手的协调性、灵活性和手部小肌肉群的发育都是很好的锻炼。同时，幼儿的视觉、触觉与动作的协调性也得到了发展。因此，手工活动不仅能巩固幼儿获得的知识，也有助于提高实践操作的能力。

3. 促进幼儿萌发美的情感，提高幼儿审美能力

人生教化从美育开始。鉴于幼儿手工活动的特征，教师应把美工区创设成一个让幼儿感受美、表现美的小天地。为他们的游戏、学习与创作提供适当的环境和条件，营造良好的艺术氛围，使幼儿自由地观察、欣赏各种不同的艺术品，任意选用不同的工具和材料与同伴友好合作，有条理地进行各种手工活动，创造性地表达自己的情感和认识，从而塑造幼儿的审美能力。

因此，手工活动能够促进幼儿健康成长，对记忆力、想象力、观察力、感受力、意志力、模仿能力、动手能力、思维能力、合作交往能力等都起着积极的作用。手工具有趣味性与知识性，幼儿在活动中观察、感受、模仿、动手、记忆、想象、合作。幼儿的许多知识技能都可以在操作活动中学会，在秸秆手工制作过程中，激发幼儿的创造力和想象力，使幼儿的思维更加开阔。在手工活动中，幼儿的各个器官都在积极地活动着，幼儿不断地解决活动中遇到的问题，这使幼儿思维更加活跃，有利于培养他们的意志力、思维能力、合作交往能力。而手工材料的多样性、可塑性，制作的随意性，可以从小培养幼儿的动手能力，提高他们的观察、模仿和想象能力，从而达到促进幼儿身心全面发展的目的。生动有趣的手工活动让幼儿保持了积极的学习热情，从而激发他们的求知欲，最终养成自主学习、积极思考、爱动脑筋、爱钻研的良好学习习惯。幼儿在动手，动

脑，快乐的手工活动中潜移默化地接受教育。

（二）秸秆手工制作——水桶

幼儿园的手工比较简单，但是要想形象地做出东西，就需要下一定的功夫，因此，对于幼儿园的秸秆手工制作需要选取较为简单的手工操作：

1. 制作工具和材料

（1）高粱秸秆、麦秆；

（2）废弃药瓶、一次性纸杯；

（3）皮筋两根；

（4）剪刀、美工刀；

（5）牙签。

2. 制作方法与步骤

（1）首先把材料准备齐全；

（2）先把药瓶的瓶颈部剪掉；如果是一次性纸杯则可以直接使用；

（3）找两根比瓶子高3/2的秸秆，其余的都剪成和瓶子平齐；

（4）先在瓶子上绑一根皮筋，然后把剪的秸秆一根一根插进去；

（5）在瓶子的两边分别插上两根长秸秆；

（6）把牙签插到两边，水桶就做好了。

（三）秸秆玩教具

秸秆玩具深受幼儿喜爱。秸秆玩具在艺术风格上体现了线条美和粗犷美，制作起来很有趣。不但需要概括的造型能力，还要有一定的结构编扎能力，是丰富儿童生活，启发、培养、锻炼儿童观察力、想象力和美育的有趣手工劳动。秸秆包括高粱秆、麦秆、芦苇秆等，是农村幼儿园制作玩教具的有利资源。

1. 高粱秆插接

制作要点：

（1）浸泡：高粱秆用清水浸泡，利于瓤皮分离，且外皮韧性增大；

（2）剥皮：将高粱秆外皮剥开，外皮可根据需要分成细条；

（3）切：用小刀，边转动秸秆边切，把瓤截成所需长度；

（4）削：削的操作如同削铅笔，削尖可以作为动物的嘴部；

（5）组合：用外皮穿插成型，技艺较高的方法有咬扣法，如民间鸟笼、蝈蝈笼的做法。

2. 麦秆粘贴

制作要点：

（1）设计图稿，用素描纸或卡纸裁出图样；

（2）根据图稿粘贴麦秆（留出粘贴处）；

（3）粘贴围合成立体形象（也可平面粘贴，做成装饰画）。

四、蛋壳

鸡蛋好吃，蛋壳也可以利用，我们可以用它来做成美丽的手工制品。人们发挥自己丰富的想象力，将鸡蛋壳制成彩蛋、蛋壳画、盆栽、微盆景、蜡烛、镂空雕刻等。由于鸡蛋壳手工制作方法简单易学、种类多、制作随意，受到越来越多人们的喜爱。

蛋壳手工制品的制作材料比较好收集，家里做饭剩下的鸡蛋壳就是手工制作的材料，而且蛋壳较轻，圆圆的很受幼儿的喜爱，蛋壳在幼儿教育教学和游戏活动中的应用也是比较广泛的，早在20世纪八九十年代的国内幼儿园手工教学中，就把蛋壳手工作为幼儿手工课程内容，例如用蛋壳制作不倒翁、用蛋壳制作朝鲜族小女孩等。随着蛋壳手工艺的不断发展，现在的蛋壳手工的造型也越来越丰富，能够通过蛋壳的外形制作出多种多样的手工制品。

（一）蛋壳手工对幼儿身心发展作用

众所周知，3~6岁的幼儿正是想象力、创造力发展的黄金时期，他们思维活跃，可塑性强，想象力大胆且丰富。因此，在这个时期要加强对幼儿创造力的培养，手工制作活动就是很好的办法，在进行手工活动中，应创设各种各样的环境来激发幼儿手工制作的兴趣。如在教幼儿蛋壳手工制作时，首先要创造一些有利的制作环境以便激发幼儿的兴趣。可以给幼儿看一些与蛋壳相似的动物或者水果蔬菜的造型，看一些有趣的蛋壳手工制作图片来刺激幼儿亲手制作的兴趣。对于幼儿蛋壳手工而言，其对幼儿的身心发展有以下几个方面的作用：

1. 培养幼儿形象思维能力

蛋壳的形状是椭圆形的，在进行蛋壳手工教学的过程中，蛋壳可以制作的手工艺品主要是与蛋壳形状相似的小动物或者水果和蔬菜，如蛋壳小蜜蜂，身体是椭圆形的小蜜蜂就可以用蛋壳制作，还有蛋壳小猪，小猪的身体是圆圆的胖胖的，也可以用蛋壳制作，茄子、西红柿、苹果、杧果、桃子等都与圆形相关，这些都可以做成蛋壳手工，因此，在制作的过程中，幼儿可以根据蛋壳和其他物品的形状进行创意制作，培养幼儿的形象思维能力，能够通过一种相似形状的物品进行相关的联想，进而开发幼儿的智力，促进幼儿大脑发育。由此可见，进行蛋壳手工教育教学和游戏活动对于培养幼儿的形象思维能力有着极其重要的作用。

2. 培养幼儿的环保意识

蛋壳是日常生活中的废旧物品，一般情况下，日常生活中剩下的蛋壳都会扔掉，然而让幼儿学习蛋壳手工制作，能够培养幼儿的环保意识。有些幼儿不喜欢吃鸡蛋，而进行蛋壳手工制作必须是空蛋壳，这就要求幼儿必须要吃完鸡蛋之后才可以进行制作，促使幼儿珍惜食物，在提高幼儿环保意识的同时，还可以避免幼儿厌食挑食的不良生活习惯。由此可见，蛋壳手工制作对于幼儿的身心发展有着很多实用性的作用，对于培养幼儿良好生活习惯意义重大。

（二）蛋壳的制作方法

1. 彩蛋制作方法

（1）用一根缝衣针，把生鸡蛋的底端凿一个略大的孔，然后在生鸡蛋的侧面凿一个略小的孔。

（2）用嘴对着略小的孔吹气，这样鸡蛋里面的蛋黄和蛋清就会从略大的孔中流出来。

（3）等到鸡蛋里面的液体流光之后，用清水洗净。一定要洗干净，不然时间久了，鸡蛋会发臭。

（4）将清洗后的蛋壳擦拭干净，然后将其晾干，再用砂纸打磨光滑。

（5）小心地将蛋壳放在可以支撑的地方，然后就可以开始"蛋体彩绘"了。先用油性笔或彩色笔为鸡蛋设计样式，再用蜡笔或水彩笔着色，这样一个漂亮的彩蛋就制作出来了。

2. 蛋壳画的制作方法

（1）将蛋壳洗净后，剥去内侧的薄膜，用彩笔在蛋壳外侧涂上颜色。

（2）待蛋壳上的油彩干后，把蛋壳捏成适当大小的碎片，然后按颜色分别放入小碟中。

（3）用铅笔在图板上画好草图，用彩笔上色。切记草图不要太复杂，因为蛋壳没有办法画太精细的图案。

（4）在图板上贴双面胶，尽量不留空隙。揭下双面胶上的纸条，用镊子将相应颜色的碎蛋壳贴在上面，尽量不露白底。也可以用胶水粘贴蛋壳。

3. 幼儿蛋壳手工制作——小蜜蜂

（1）制作对象：蜜蜂。

（2）制作工具和材料：鸡蛋壳两个、蓝色底板、彩笔、黏胶、剪刀、彩纸。

（3）制作过程：

①将准备好的蓝色底板，剪成自己喜欢的形状，如圆形；

②取一个鸡蛋壳，然后将这个鸡蛋壳的一面保留完整，其他面，慢慢用手指打磨平坦；

③在这个弄好的鸡蛋壳上，画上蜜蜂的头部花纹；

④用同样的方法，给蜜蜂做一个身体，并且，用彩笔画上蜜蜂身体的条纹；

⑤用剩余的鸡蛋壳，做出蜜蜂的腿；

⑥将做好的这些鸡蛋壳，根据图片的样子，用黏胶粘在硬纸板上；

⑦用剪刀剪出两根彩条，这是蜜蜂的触须；

⑧将触须也粘贴在蜜蜂的头部，一只小蜜蜂就做完了。

4．蛋壳手工制作——不倒翁

（1）制作工具与材料

鸡蛋一个、胶水一瓶、沙子若干、筷子一根，普通的纸、笔。

（2）制作方法和步骤

①用筷子的末端，轻击鸡蛋较小的一头，打出一个直径8毫米左右的孔，将蛋液及蛋黄倒出来，再用清水冲洗干净。

②待蛋壳内部干燥后，立直固定好，从击开的小孔中，倒入适量沙子，同时掺入适量的胶水。黏稠度以贴住蛋壳为佳，不宜过少或者过多。然后待其干燥，即可不倒。

③用纸张做一个小帽子，以遮掉小孔，美化不倒翁。

④可以在蛋壳上再用笔画上眼睛、嘴巴等。

⑤一个完整的工艺品便完成了。

参考文献

［1］杨淑莲. 论手工制作活动对幼儿表现力与创造力的作用——以中班活动"有趣的不倒翁"为例［J］. 西部素质教育，2015（17）.

［2］刘洪波. 对学前手工制作课程改革的几点思考［J］. 中国教育技术装备，2014（07）.

［3］任志楠，李鸿. 发展幼儿手工创造力的有效途径新探［J］. 教育导刊（下半月），2014（09）.

［4］宗俊英. 幼儿园手工教育的实践探索［J］. 新课程（小学），2015（04）.

［5］冯文红. 幼儿手工活动与创新能力培养［J］. 教育，2015（24）.

［6］尹霄玲. 幼儿手工制作指导方法探究［J］. 读与写（教育教学刊），2015（02）.

［7］张洁琼. 探究式学习方式让幼儿手工活动更有效［J］. 中国校外教育，2015（30）.

［8］胡媛. 幼儿手工制作指导方法探讨［J］. 学园，2014（02）.

［9］丁宁. 在美术教学中如何培养幼儿玩教具制作能力［J］. 知识经济，2015（19）.

［10］贾翠婵. 自制玩教具对幼儿教育教学的作用［J］. 吉林教育，

2016（26）.

　　［11］霍娟. 浅谈幼儿园墙饰布置［J］. 吉林教育，2016（01）.

　　［12］沈超. 在科技小制作活动中培养幼儿的动手能力［J］. 小学科学（教师版），2016（01）.

　　［13］刘润羽. 利用废旧材料开展幼儿制作活动探究［J］. 成才之路，2016（06）.